教育部人文社会科学研究规划基金一般项目资助（转型期我国财政分配关系中的地方政府非规范竞争行为及其矫治研究，11YJA810023）成果

转型期财政分配关系中的非规范竞争及其治理研究

杨　俊著

图书在版编目(CIP)数据

转型期财政分配关系中的非规范竞争及其治理研究 / 杨俊著. —杭州 : 浙江工商大学出版社, 2015.12

ISBN 978-7-5178-1367-5

Ⅰ. ①转… Ⅱ. ①杨… Ⅲ. ①财政分配—分配方式—研究 Ⅳ. ①F810.2

中国版本图书馆 CIP 数据核字(2015)第 266216 号

转型期财政分配关系中的非规范竞争及其治理研究

杨 俊 著

责任编辑 王黎明

封面设计 林朦朦

责任印制 包建辉

出版发行 浙江工商大学出版社

(杭州市教工路 198 号 邮政编码 310012)

(E-mail:zjgsupress@163.com)

(网址:http://www.zjgsupress.com)

电话:0571-88904980,88831806(传真)

排　　版 杭州朝曦图文设计有限公司

印　　刷 虎彩印艺股份有限公司

开　　本 710mm×1000mm 1/16

印　　张 11.5

字　　数 185 千

版 印 次 2015 年 12 月第 1 版 2015 年 12 月第 1 次印刷

书　　号 ISBN 978-7-5178-1367-5

定　　价 35.00 元

浙江工商大学出版社营销部邮购电话 0571-88904970

目　录

序　言

一、研究目的与意义

财政是各级政府运作和施政的前提条件，“犹如政府生命之血液”①，没有财政收入和财政支出，就不可能有政府职能的履行。财政是国家基础权力的展现，是国家治理的重要支柱，财政政策是国家宏观调控的重要政策工具和重要杠杆。政府间财政关系在任何多层次政府架构的国家都是一种客观存在，与国家的政体结构有着内在联系。政府间财政关系的核心是财政资源的分配，其基本要素包括：由政府架构及行政制度安排所决定的政府间支出责任的划分，政府间财政收入的划分，政府间转移支付制度等。

改革开放以来，随着市场化和非制度化的“放权让利”②取向的改革不断推进，自身独立的利益需求已经日益苏醒和强化的地方政府，与中央政府在目标函数、价值偏好和利益取向上的差异逐渐显现，这不可避免地加剧了中央与地方政府（下简称“央地政府”）间在财政分配领域的广泛博弈。对于中央政府而言，中央政府动员财力的能力是国家权力的基础，中央政府总是想尽量集中财力，实现国家意志，办它认为对国计民生至关重

---

① Aaron Wildacsky. Political Implication of Budget Reform: A Retrospective, Public administration Review, 1992(52).

② 本书不拟采用“分权化改革”一词，笔者认为：市场化改革30多年以来中央地方权力关系的调整，只能是属于“非制度”范畴。而且这个关系的调整，应该说并不是“分权”，只是“放权让利”。理由是在中国单一制体制语境下，行政权力集中于中央政府的原则从来没有动摇，“分权”在法理上也没有任何根据。只是作为权力所有者的中央政府在特定情境下，根据经济社会发展的需要，对所掌握权力的灵活分解和下放。因此，用“非制度化的‘放权让利’”可能更为贴切。

要的事情;地方政府则总是希望自己能够支配更多的财政资源,希望尽量缩小对中央财政的贡献,以谋取地方利益。“凡两方或多方力图取得并非各方均能获得的某些东西时,就会有竞争。”①由此,一般而言,中央和地方之间的竞争,主要体现在财政领域及与之相关的职责领域,核心问题是各级政府间的征税比例、上下级政府间的拨款方式,以及上级政府对下级政府的财政控制程度等方面。②

具有互相作用的多决策主体,选择有利于自己的决策并加以实施,这是决策者行动的内在逻辑,本无可厚非。改革开放以来,我国的体制、社会结构和社会形态正经历着深刻的转型。在特定的情境条件下,在财政领域及与之相关的职责领域,产生了地方政府与中央政府进行竞争的内在动力、可能条件和弹性空间,但由于制度、体制、组织原则和主流意识形态等条件的约束,以及中央政府对财政分配上的高度控制,地方政府在这种财政资源竞争中的行为选择策略上,往往采取非规范性竞争行为来实现自己的利益诉求。这里所谓的“非规范性竞争行为”,是指规避或摆脱了正式的规约、律令、程序、组织原则和主流意识形态要求等方面约束,以一种隐蔽、模糊、阳奉阴违、潜规则和非程序等方式进行的竞争。地方政府这些“非规范竞争行为”,明显有违于正式制度或主流意识形态所维护的利益和原则,但由于这种竞争形式具有极强的实用性和低成本特点,经过精细的利害计算和趋利避害抉择,大量试探、角力,讨价还价,反复地试错与修正,最终成为一种在实际运行中广泛存在的博弈形式。

关于地方政府“非规范性竞争行为”的问题,国内外学界已经有一些相关的论述和分析,他们提出的“机会主义”“灵活博弈”“潜规则”“攫取之手”“体制外因素”“非正式制度”“谋利型政权经营者”“政令不出中南海”“变通”“阳奉阴违”,以及“上有政策,下有对策”等分析概念,都在一定意义上对央地财政分配关系中的非规范性活动进行了描述。

地方政府在财政分配关系中的“非规范竞争行为”,可能也产生了一些“把激励做对”的正面效应,如充分发挥了地方能动性,促进了地方经济

① 乔治·施蒂格勒:《新帕尔格雷夫经济学大辞典(第1卷)》,经济科学出版社1996年版,第477页。

② 谢庆奎、杨宏山:《府际关系的理论与实践》,天津教育出版社2007年版,第19页。

的发展，等等。但同时人们发现，一些地方政府在增强经济实力的同时，也使本级政府的财权、事权以及其他权力获得了明显的扩张，削弱了中央对一些地方的控制力度。而由于地方权力的局部性、短视性、狭隘性，过度的放权导致地方保护主义盛行，走私、税收流失、造假贩假等问题层出不穷。因此，从根本上说，这种"非规范竞争行为"损耗了经济效率和国家财政收益，加重了民众的生活成本，带来了体制失信、腐化与道德风险，严重干扰了国家意志的贯彻和执行。

因此，本研究意义如下：

1. 理论意义。从"非规范竞争行为"这一核心分析概念出发，尝试性地建立起一个央地政府间财政关系行为分析的新框架。通过把地方政府非规范竞争行为放置于其赖以生存与发展的政治生态环境中，探讨这种竞争行为方式产生和存在的激励结构、约束条件、行为空间、策略选择的内在逻辑及其演变路径，实现对这种竞争行为较为科学的解释和预测。

2. 实际应用价值。本研究主题是不规范和非合作的竞争行为，研究不规范和非合作是为了更好地实现政府间的规范和合作。研究的实践意义在于提出现实语境下可供操作的治理对策，通过制度设计来克服这种竞争，使自我强制和社会控制成为可能，从而有利于更好地发挥中央与地方"两个积极性"。本研究试图通过对这种"非规范竞争行为"内在机制进行解释，获得对这一政府行为的规律性的认识，继而在对这一行为方式进行较为科学预测的基础上，提出了克服和治理这种博弈竞争行为的制度设计，引导地方政府行为朝着实现国家根本利益、达成社会和谐的目标方向发展。

二、国内外研究现状述评

1. 研究央地政府间财政关系上的竞争与博弈。运用组织学研究政府间关系发轫于"二战"之后。林德布洛姆(Lindblom，1959)提出政治学中利益集团和政治联盟的作用。安东尼唐斯(Anthony Douns，1967)对政府组织进行经济学分析。尼斯卡宁(W. Niskanen，1971)的官僚经济理论认为，任何政府机构都有专注于利益再分配和预算最大化的特点。在变革时期的中国，这表现得更为明显。20世纪下半叶以来，西方学者纷纷运用博弈论、新制度经济学的政区竞争理论、委托—代理理论和"竞争性政府”等分析框架研究政府间财政竞争。尼斯卡宁(W. Niskanen，1971)率先将官僚视为自利的理性个体，他认为，官僚的目标不是公共利益，也不是机构效率，而是个人效用，并以此为基础提出了著名的“官僚预算最大化模型”。布雷顿(Breton，1996)提出“竞争性政府”理论。何梦笔(Hermann Pillath，1999)对市场化进程中的中国政府间的竞争进行了比较分析。在国内，林尚立(1988)指出，简政放权的改革已经形成了“强地方弱中央”趋势。马骏(1995)建立了一个动态博弈模型，以解释当代我国政府间的财政竞争关系。此外，国内外学者李芝兰、杨瑞龙、冯兴元、陈抗、李军杰、周振华、周天勇、金太军、周业安等都从不同学术视角对政府间财政竞争关系进行了深入分析，他们共同构建了分析央地政府间财政关系上的竞争与博弈的概念体系。“经营者”“压力型体制”和“锦标赛模式”是三种重要的分析范式。“经营者”是基于委托—代理理论分析政府行为的观念体系，其概念首先由学者舒秀文(Shue，Vivienne，1998)提出，后被张静、杨善华、苏红等中国学者广泛采用，用来解释乡镇干部偏离国家的方向，引发中央政策在基层社会失真的现象。“压力型体制”由学者荣敬本等(1998)最先提出，他们认为现行乡镇体制的性质不同于新中国建立到1982年之间的集中动员型的乡镇体制，而是分权压力下的乡镇体制，即“压力型体制”，这种压力型体制对于发挥乡镇政府的作用，促进经济发展方面起到了巨大的作用，但是也产生了严重的问题。这一观点得到杨雪冬、崔之元、金太军、徐勇等学者的支持。“政治锦标赛模式”是从个体官员的激励机制角度理解政府行为。周黎安(2007;2008)指出，从20世纪80年代起，地方官员之间围绕GDP增长而进行的“政治锦标赛”模式是政府激励与经济增长的关键线索之一。

2.研究央地财政分配关系中的“非规范性活动”问题。国内外学者提出了“非正式制度(规则)”“体制外因素”“机会主义”“灵活博弈”和“潜规则”等概念，对央地财政分配关系中的非规范性活动进行研究。科尔奈(Komai，1980)提出的预算软约束造成了转轨经济国家所面临的一个重要的激励扭曲问题。委托—代理理论提出了代理人可能的逆向选择和道德风险。“嵌入性”理论强调制度产生的社会结构与环境。戴慕珍(Jean Oi，1992)的“地方法团主义”解释始于20世纪80年代并一直持续到90年代，某些地方(如苏南和山东农村)经济的飞速增长，被认为财政体制和人事制度等地方激励结构的变化导致了地方官员通过企业型政府在促进此类增长中扮演重要的角色。沃尔德(Andre Walder，1995)提出“政府即厂商”的基本观点，这一解释模式认为地方官员可以把国有企业当作一个多样化市场取向的公司来管理，地方官员成了市场取向的代理人和行动者。林南(1996)以大邱庄为例，提出“地方性市场社会主义”，认为应从科层协作、市场调节和地方协调来分析改革中地方政府的角色与作用，其中地方协调的角色甚为关键。戴慕珍(1995)和大卫·文克(David Wank，1996)等人提出了中国社会组织内部的庇护关系理论模式。孙立平(1996)研究了转型时期政策运作中“变通”方式的普遍运用。欧博文、李连江(1999)提出了地方领导人对中央政策的“选择性执行”问题。马骏、侯一麟(2004)提出省级预算中存在着的非正式制度的制约。丁煌等(2004)分析了“上有政策，下有对策”的博弈缘由。巴里·诺顿(Barry Naughton，2007)提出中国政治体制中的“执行差距”问题。何显明(2008)研究了市场化进程中地方政府的角色和行为逻辑。曹正汉、史晋川(2009)揭示了在转向市场经济的过程中，地方政府抓住经济发展主动权的应对策略。D. M. Lampton 注意到谈判是中国政府组织关系中的几种形式之一。周雪光分析了基层政府间的“共谋现象”。陈国权(2009)分析了日益严重的权力失范现象，提出了政治权力结构向合理适度的制衡结构转变的目标方案及实现路径。郁建兴(2010)针对政府体制存在的“条与块”的矛盾，提出了构建中央与地方混合型行政管理体制的设想。

3. 研究如何构建规范的央地政府间的财政竞争关系。关于中央集权与地方分权优劣，研究者基于“政府假设”与逻辑变迁进行了分析。分权论基于地方政府“善假设”，从地方内生型改革成功模式展开逻辑演绎，认为强化中央权威将延缓我国的市场化进程。集权论基于地方政府“恶假设”，从“诸侯经济”展开逻辑演绎，强调地方分散主义会危及中央权威甚至会导致国家分裂。蒂博特(C. M. Tiebout)的“用脚投票”理论、斯蒂格勒(George Stigler)的最优分权理论、奥茨(Wallace E. Oates)的分权理论以及特里希(Richard W. Tresch)的偏好误识理论都指出，由地方政府提供地方性公共产品优于由中央政府来提供。斯蒂格利茨(Joseph E. Stiglitz，1998)认为，地方政府与中央政府比，更接近自己的民众，从而对自己辖区居民的效用函数和公共产品需求比较了解。哈耶克(Hayek，

1990)强调地方政府比中央政府更了解本地区的信息和偏好,因此,在本地区的经济发展中,前者更能够避免"致命的自负",做出更加科学的决策。改革开放以来,国内外大量研究把中国增长与分权财政的激励联系了起来,建立起了"趋好的竞争""中国式的财政联邦制"等概念框架。钱颖一(Weingast, 1993)等学者在解释改革开放以来中国经济获得迅速发展的多种原因时,提出了"中国式财政联邦制"的观点。财政分权改革不可避免要涉及转型国家的稳定问题,特别是其中大量存在的非规范性竞争行为严重干扰国家意志的贯彻的问题。王绍光、胡鞍钢(1993)强调财政压力是国家维持其合法性的重大挑战。周雪光(2005)运用"逆向软预算约束"和"共谋"的概念来解释地方政府的行为。"逆向软预算约束"是用来解释基层政府自上而下地向所管辖区域中的下属组织和个人索取资源的行为。近年来,以诺斯为代表的制度变迁理论对中国经济体制改革的影响颇深,关键在于其提供了一种一般性和普遍性的制度分析方法,这种制度分析方法实质上是关于行为主体利益关系的分析,并且强调制度在影响个体选择从而影响社会利益格局方面起着关键作用。近年来,围绕着国家能力、政治体制与财政体制的协调性、财政集权与分权的平衡性、财权与事权的统一性等重大问题,郑永年、张国庆、薄贵利、戴长征、朱苏力、郭小聪、姚洋等人从政治体制、政府职能、政策的实际运作等方面进行了研究,应松年、熊文钊、董礼胜、张千帆等人从法治角度,黄佩华、贾康、高培勇从财政体制等方面进行了研究。此外,谢庆奎、浦兴祖对"政府体制"的研究,朱光磊、胡伟对"政府过程"的研究,杨光斌对党的领导的制度安排研究等理论成果,都为建构规范的政府间财政关系提供了理论积累。大体上,理论界可以分为"充分分权" 和"适当集权"两种意见。但大家都倾向于认为最终解决的方法是央地之间财权与事权的民主化、统一化、法理化和制度化。

研读以上文献,对本课题的研究有两个重要启示:一是新时期以来,央地财政分配关系中的博弈基础已然生成,其中非规范竞争行为问题不容回避。二是我们已经对这种非规范竞争与不合作行为有了初步认识并积累了治理经验。综合这些启示形成的逻辑链,意味着"转型期我国财政分配关系中的地方政府非规范竞争行为及其矫治"这一研究主题是现实可行的。已有的研究还有深入拓展的空间:

1.对于央地财政关系中政府间竞争行为研究，除了应该从经济学和财政学角度进行外，还有必要把政府的行为放置于其赖以生存与发展的政治生态环境中加以考察，关注更宏观层面上的经济政治转型过程。这就需要运用以政治学为基础的多学科综合研究方式。

2.对这种非规范竞争行为研究，需要一个可以整合这些竞争现象、具有理论解释力的分析框架，来分析这些行为选择背后的制度环境、内在逻辑和生成机制。

3.应该在充分考虑国情的复杂性和现实制度条件的基础上，提出具有较强的现实操作性而不仅仅是“原则性或方向性建议”的理论和方法。

三、研究主要内容

本研究运用了制度—行为分析框架，把地方政府非规范竞争行为放置于其赖以生存与发展的政治生态环境中，通过探讨这种竞争行为方式产生和存在的激励结构、约束条件、行为空间、内在机理及其演化的逻辑和脉络，实现对于这种竞争行为较为科学的解释并做出预测。

（一）基本思路和研究方法

1.学理逻辑：特定的环境使得央地财政关系之间出现了地方政府非规范竞争行为，这种行为方式背后有其自有的规律性的生成机制和强化机制。因此，通过分析其内在机制，可以得出对这种行为规律性的认识和预测，继而提出治理对策。

2.基本研究路径：非规范竞争行为博弈的现象搜集——内在机制分析——原因探析——治理这种竞争行为的对策设计——实证研究后的验证——试点新模式——总结推广。

3.基本研究方法：运用实证研究和制度分析法研究地方政府非规范竞争行为的现象；运用制度研究法、历史研究法研究非规范竞争行为与财政制度变迁的互动关系；运用制度—行为理论框架研究其内在机理和运行逻辑；运用多学科交叉方法研究当下治理非规范竞争行为的对策。

(二)技术路线图

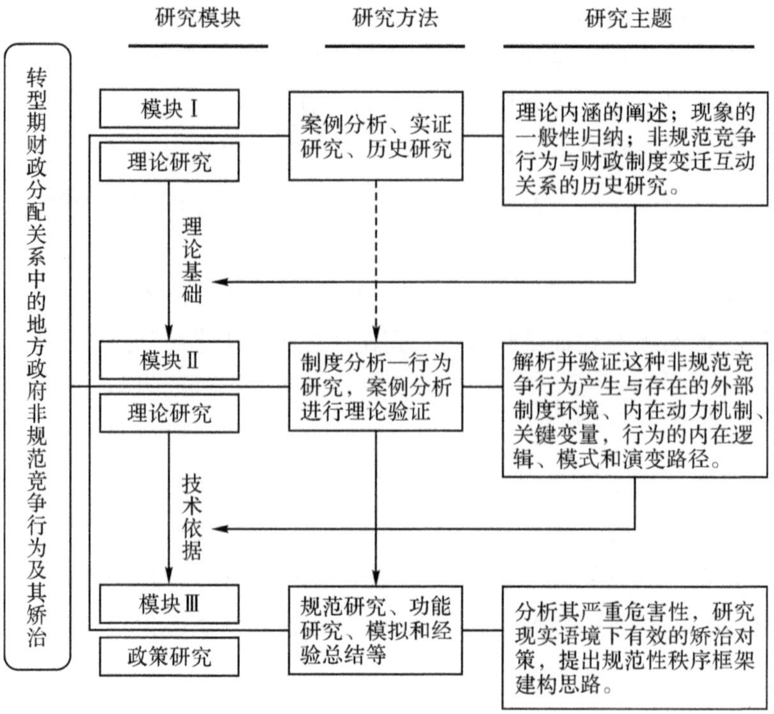

研究模块　研究方法　研究主题

转型期财政分配关系中的地方政府非规范竞争行为及其矫治

模块Ⅰ 理论研究 —— 案例分析、实证研究、历史研究 —— 理论内涵的阐述；现象的一般性归纳；非规范竞争行为与财政制度变迁互动关系的历史研究。

理论基础

模块Ⅱ 理论研究 —— 制度分析—行为研究，案例分析进行理论验证 —— 解析并验证这种非规范竞争行为产生与存在的外部制度环境、内在动力机制、关键变量，行为的内在逻辑、模式和演变路径。

技术依据

模块Ⅲ 政策研究 —— 规范研究、功能研究、模拟和经验总结等 —— 分析其严重危害性，研究现实语境下有效的矫治对策，提出规范性秩序框架建构思路。

图 1　本课题研究的技术路线图

(三)主要内容

1. 描述性范畴阐述与现象分析。①转型期央地政府间财政关系中非规范竞争行为的典型表现、主要类型和基本特征。②重点环节和领域的非规范竞争行为实证分析，重点关注预算外资金、非预算资金、“土地财政”、房地产热、宏观调控贯彻执行等方面的问题。③这种非规范竞争行为与财政制度变迁互动关系的历史研究。非规范竞争行为导致财政制度变迁，财政制度变迁后又会出现新的非规范竞争行为。

2. 研究这种非规范竞争生存与发展的政治生态环境。①内在动力机制分析。比较研究转型时期中央政府与地方政府的利益结构、目标函数、效用偏好。②制度环境所构成的激励结构和约束条件分析。研究政治历史、现实国情、政府职能、外部制度(正式和非正式)、评价和考核机制等情境构成因素。③研究具体的财政制度安排及其影响。关注事权、财权、财力三要素不同的组合方式及其影响。

3.研究这种非规范竞争行为的内在逻辑和运行机制。①弹性空间分析，主要研究转型时期的体制摩擦和规范缺失，中央控制的信息和成本，集权与分权的悖论等问题。②策略选择的关键变量和内在逻辑研究。③演化路径分析。中央政府的控制过程也是地方政府反控制过程。

4.研究如何构建规范性秩序框架。①非规范竞争行为危害分析。②分析制度环境，提出在现实政治环境下可以操作的治理策略。③行为机制分析对矫治这种非规范竞争行为的启示。④新环境条件下保证中央对地方有效控制的路径和方式研究。⑤构建稳定的、均衡的、刚性的、系统的财政分配制度体系的政策框架。

5.地方政府非规范竞争行为实证分析。①省管县体制研究——基于浙江的个案研究。②“行政托管”语境下的经济开发区——以杭州经济开发区为例。

四、可能的创新之处和尚需深入研究的问题

1.推进央地政府间财政分配关系的理论创新。从“非规范竞争”这一核心分析概念出发，建立起一个央地间财政关系行为分析的新框架，着重考察这种“非规范竞争”存在的内在根据和运行的内在逻辑。本研究试图运用制度—行为分析框架，通过考察特定的情境条件下所形成的内在动力、激励机制、约束条件和弹性的行为空间这四组关键变量的组合，揭示出这种行为方式的内在机理及发生、演化的逻辑和脉络。本研究提出在经济社会转型时期，其矫治的原则应该包括以政治的高度看待财政问题；坚持我们的政治优势和基本经济制度，以保证国家意志的实现和约束地方政府行为；加强以意识形态为核心的非正式制度的建设。

2.寻找治理央地政府间财政分配关系非规范竞争的新路径。在对这种“非规范竞争”内在机制进行解释和预测的基础上，提出了克服和治理这种博弈的制度设计。寻找既有效保持中央的控制力，又能激励地方积极性的财政制度安排。构建一整套既切中我国央地财政关系中的大量不合作和非正常竞争的积弊又符合我国政治体制特点和财政管理科学规律的治理机制和政策工具。

3.尝试建构规范的央地政府间财政竞争关系研究的新方法。本研究运用了制度—行为分析框架，并且对新时期财政制度变迁的背景进行宏

观分析。本研究把静态意义上的规范研究同政府行为的实际运作与动态过程的实证分析相结合,注重历史学和人文学科理论方法在研究中的运用,对“利益结构”的多元化理解和多元行为主体的互动博弈关系的分析,注意对各级政府利益诉求的“同情性理解”。以上这些研究都有利于深化对央地政府间财政竞争关系的理论认识。

进入转型以来,央地财政分配关系中的博弈基础已然生成,其中非规范竞争行为问题不容回避。本课题积累了对这种非规范竞争与不合作行为的初步认识和治理经验。然而,本课题存在以下不足:对于央地财政关系中政府间竞争行为研究,除了应该从经济学和财政学角度进行外,有必要把政府的行为放置于其赖以生存与发展的政治生态环境中加以考察,关注更宏观的经济政治转型过程。本课题充分注意到这一问题,并且形成了对央地财政关系间产生非规范竞争现象背后规律性的生成机制和强化机制的系统性分析。另外,定性分析较有学理性和说服力,但定量分析不足,模型尚嫌简单。

本成果尚需深入研究的问题如下:①继续探明我国现阶段“财政过度集权”和“财政过度分权”现象并存共行的内在机制。②寻找既能有效保持中央的控制力,又能激励地方积极性的财政制度安排。③构建一整套既切中我国央地财政关系中的大量不合作和非正常竞争的积弊又符合我国政治体制特点和财政管理科学规律的治理机制和政策工具。

本书的研究所用的数据,主要来源于《中国统计年鉴》《中国财政年鉴》等各类年度统计年鉴,国家统计局(www. stats. gov. com)、财政部(www. mof. gov. cn)和各省统计局网站等政府网站的数据,以及《中国财政》《中国财经报》及《政府财政收支报告》等。

第一章 问题的提出:典型现象的描述

改革开放以来,我国的经济体制、社会结构和社会形态正经历着深刻的转型。在特定的情境条件下,在财政领域及与之相关的职责领域,产生了地方政府与中央政府进行竞争的内在动力、可能条件和弹性空间。但由于制度、体制、组织原则和主流意识形态等条件的刚性约束,以及现实政治中中央政府对财政分配上的控制力的高度重视,地方政府在这种财政资源竞争中的行为选择策略上,往往采取非规范的竞争行为来实现自己的利益诉求。这里所谓的"非规范性竞争行为方式",是指规避或摆脱了正式的规约、律令、程序、组织原则和主流意识形态要求等方面约束,以一种隐蔽、模糊、阳奉阴违、潜规则和非程序等方式。由于这种竞争形式具有极强的实用性和低成本特点,尽管处于隐性状态,但效果和影响是显性的。根据相关文献的描述和我们田野调查的体会,新时期以来,央地财政分配关系中的竞争基础已然生成,其中非规范性竞争行为问题不容回避。本章主要从典型案例、普遍形式和历史过程三个角度分析这种不规范竞争的表现形式及其影响。

第一节 典型现象描述

一、"土地财政"及其推升的"房地产热"

土地财政,是指一些地方政府依靠出让土地使用权的收入来维持地方财政支出,也就是说政府依靠公权力与土地国有的制度安排,通过卖地获得的土地出让金来满足财政需求。目前,我国的土地公有制包括国家所有和集体所有两种形式。国有土地可直接进入市场或由政府进行开发,而集体土地在现有制度框架内不能直接进入市场,必须先由作为集体土地所有权唯一合法的受让者和建设用地使用权的唯一供给者的政府征用。通过土地征用，集体土地的所有权和使用权被转移给政府，集体土地产权变为国有土地产权，然后政府再向土地需求者出让土地，土地需求者获得出让土地使用权。因此，现行法律规定造成了这样一个事实：政府垄断了土地使用权交易的一级市场，使得政府在土地征用和转让过程中，不仅没有实际的成本支出，还获得了体现国有土地所有权收益的出让金。同时，政府可以用低价征用集体土地，然后以高价转让其使用权，在这一低一高之间，政府能够赚取巨大的垄断利益。我国在1982年《宪法》中就正式确立了集体土地所有权制度。如1982年《宪法》第十条对城市及农村集体土地所有权主体做出以下规定：城市的土地属于国家所有。农村和城市郊区的土地，除由法律规定属于国家所有的以外，属于集体所有；宅基地和自留地、自留山，也属于集体所有。由于地方政府是集体土地所有权的代理人，土地出让金属于地方政府财政收入。在中国，土地财政的形成，大体是近十几年的事情。

用土地作为抵押，获得银行贷款，这是土地财政的重要组成部分。这样一来，地价不仅影响卖地收入，而且在很大程度上决定了地方政府债务融资的规模。土地的高价可以为金融资本提供相应的担保，从而扩大金融资本的投入规模。由于地方债的运作仍未成熟，地方政府容易钻制度的漏洞，从而可以实现以土地收入作为偿还担保的目的。

1. 地方政府的“土地财政依赖症”

分税制改革以来，土地财政逐渐成为地方政府最重要的预算外收入，从而导致了地方政府财政收入对土地收益的极大依赖。所谓土地财政依赖症，即是指地方卖地收入占到了地方可支配财政收入的一半以上，甚至更多。据统计，全国绝大部分城市都患上了“土地财政依赖症”。土地出让收入占到了财政收入的1/4—1/3，而对于很多三四线城市而言，其土地出让收入能占到地方财政收入的一半。国土资源部的统计数据显示，2007年全国土地出让金总额达1.3万亿元，而当年，全国财政收入也只是5.13万亿元。[①] 由《中国经济周刊》与中国经济研究院联合发布的23个省(市)“土地财政依赖度”排名显示：23个省(市)最少的有1/5债务靠

① 徐经胜：《“土地财政依赖症”越早治代价越小》，《江南时报》2009年2月22日。

卖地偿还,浙江、天津要靠土地出让收入偿还的债务,分别达 66.27%和 64.56%。在被审计调查的市级政府中,承诺以土地收入来偿债的占比高达 81%,县级政府也超过 50%。国务院发展研究中心一份报告曾显示,土地出让金和房地产相关税收占地方预算的 40%,而土地出让金净收入在一些地方政府的预算外收入中甚至达到了 60% 以上。国家审计抽查的 18 个省会和直辖市中,有 17 个承诺以土地出让收入来偿债,比例高达 95%。一大半的债务要靠土地财政来偿还,充分表明地方政府财政状况已经被土地财政绑架了,而这显然给中国经济带来了一系列不利影响。

2. 土地财政的缘由

首先是由于地方政府的"财政饥渴"。现阶段我国地方政府发展地方经济和民生事业的任务繁重,社会转型时期矛盾集中形成对财政支出的依赖,政绩考核的内在要求①等,都加剧地方政府的"财政饥渴"。特别是 2009 年西方国家金融危机爆发后,中国政府制定了拉动内需的政策,各地无不"大干快上",地铁、公路、机场等基础设施投资猛增,支出超过收入。由于财政收入增幅下降、地方债务还债高峰来临和"钱荒"背景下,卖地收入成为各地政府最现实和快捷的"财源"。

其次是城市扩张的原因。近些年来,地方政府为了提升所在城市的地位,增强城市的经济实力,几乎是无一例外地选择了"摊大饼"式的城市发展模式。一方面通过土地出让来推动房地产业和建筑业的发展,可以促使相关税费收入增加,另一方面以高价出让土地来增加预算外收入,可以为城市发展、基础设施建设等项目提供雄厚的资金,从而来拉动本地区的经济增长。

最后是地方政府官员政绩考核的原因。目前,在我国很多地方,考核政府官员的政绩指标虽然有很多,但其权重较高的是如 GDP、经济增长、财政收入等容易量化的显性指标。在这样的政绩考核体系下,政府官员自然会把权重较高的指标作为自己的努力方向,通过做大 GDP 和上缴更多的财政收入来显示政绩,并以此来获得晋升的机会。而要做大

① 中央以隐性承诺的方式,用政绩(产值、速度)来考核地方政府官员,导致地方政府官员开展"晋升竞赛"。参见周黎安:《晋升博弈中政府官员的激励与合作——兼论我国地方保护主义和重复建设问题长期存在的原因》,《经济研究》2004 年第 6 期,第 33—40 页。

GDP、上缴更多的财政收入，最简便的路径恐怕就是围绕着土地来做文章了。

3.规避中央政府的房地产调控政策

由于政府握有房地产的基础即土地资源，因此政府自然会在房地产供给市场上处于利益的顶端。地价的高企是抬高房价根本因素。在地方政府片面追求以地生财和开发商对土地过分投机合力作用下，不少城市出现了天价地，原来每亩四五万元的土地攀升到上百万元，甚至上千万。地价的上升，不仅解决了地方政府基础设施投资的资金紧缺问题，而且带来了地方政府房地产税、营业税等税费的增加与城市经济的表面繁荣。由于一些地方政府所患“土地财政依赖症”已经是相当严重了，致使当前房价泡沫越吹越大，但地方政府并没有刺破泡沫的决心，结果房价越调越高。近年来，中央屡次出手调控楼市，2008年曾经一度抑制住了房价上涨的势头，但2008年底，多个地方政府迅速出台了一系列救市政策，分析人士指出，这就是土地财政作祟。2013年上半年，在楼市调控重压之下，地方政府依然掀起了新一轮卖地高潮，各地“地王”频出，据知情人士透露，原因就在于部分地方政府偿债压力增大，而不得不多卖地。一些重点城市政府的土地出让金收入已经显示出爆发式增长态势。值得注意的是，在“经营土地”“卖地还债”的过程中，因为被房地产“绑架”了，地方政府无形之中会强化自身“商人”的角色，过度参与到市场竞争中。下面两种方式就是地方政府为了保证土地财政收入而采取的“变通”的办法。

方式一：地方政府为房企发放“财政红包”。地方政府补贴房企的方式主要有两种：一种是地价返还，房企在招拍挂拿地之前，就跟政府商量好价格底线，如果地块最终超过底价成交，政府会将多出来的钱返还给房企，这部分属于一次性返还，有随意性；另一种政府补贴方式则是常见的税收返还，企业在当地有经营业务，需要向当地政府纳税，企业会与地方政府谈好返税比例，这部分属于持续性返还。有些企业在招商引资、拿地的时候会遇到一些限制性门槛，譬如需要包括配套酒店、大型商业等，政府往往也会有所补贴。规定企业新增就业或投资等，政府后续也会有相应的奖励，如返还部分地价。有些企业之所以能承受地王的高地价，是因为之后可获得接近50%的总地价返还。如果地块涉及棚户区改造，地价返还金额可高达80%以上。据悉，廉租房补贴、采暖供热补贴、职业培训补贴、危旧房改造、项目投资奖励等，也是政府给予补贴的主要来源。一些地方政府还设计出了城乡统筹项目、农业生态项目、新型城镇化项目等多项补贴方案，甚至开发项目中配建的文体馆也能拿到建设补贴。据报道，通过查阅多家房企2013年年报发现，仅华侨城、世茂房地产、龙湖地产、SOHO中国等十家房企，2012年就获得地方政府补贴近14亿元。据兰德咨询统计，截至2014年4月20日，发布年报的110家A股上市房企中，有64家企业获得政府补助或补贴，占比高达近六成。[①] 鉴于香港内房股企业多数不披露补贴额，比例或将更高。地方政府这样操作，主要是为了抢税源。地方政府主导的"税收返还"是给开发商的，这种优惠不仅与购房者无关，往往还会使地方政府与开发商形成实质性的利益结盟，从而导致"高税负最终由购房者承担，而'税收返还'却由开发商独享"的规则不公。

方式二：规避"新限购令"。众所周知，宏观经济调控的责任一般由中央政府来承担，且需要地方政府相随而行，而中央政府所采取的手段无非是财政政策与货币政策。自20世纪分税制改革以后，地方政府在税收方面有了剩余索取权，相应的也就有了自己的利益。分税制的改革，一方面赋予了地方发展经济的权力，另一方面也赋予了地方与中央博弈的力量和动力。在房地产市场中，对于地方政府而言，卖地越多，手头越活，价格越高，收益越多。房价下跌，不仅意味着房地产税费方面的减少，也意味着卖地收入锐减，这无疑是地方政府所不乐见的。在此情况下，在宏观经济调控问题上，地方政府和中央的目标可能并不总是一致的。对于中央政府采取紧缩的宏观政策，地方政府往往不甘心于听任土地价格的下跌与本地经济增长速度的下滑。为了规避限购令，一些二三线城市费了不少心思。业内人士表示，"除了暗地里给主管部门'打招呼'，明面上就用'限价令'先发制人，免得'新限购令'砸中了自己。"[②]据了解，2011年7月底至8月初，不少二三线城市纷纷在"限价令"上发力，河北、山东、四川等多个省份也纷纷出台或正酝酿出台针对辖内的二三线城市楼市的

① 《地方政府为房企发放"财政红包"的现象仍在持续》，《华夏时报》2014年5月15日。

② 《新限购令靴子何时落地?》，《新商报》2011年8月23日。

限价措施。就现实而言，某些二三线城市之所以对“新限购令”的抵触情绪较大，原因很简单，土地出让收入和房地产行业拉动的经济增长，是这些城市的主要财政收入来源。通过做假资料避开限购令，在地产界已是潜规则。地方政府监管部门的监管力度时松时紧，在这种局面下，出现了为无资格购房客户规避限购的专业机构，这些机构绕开限购令的神通背后，都与当地税务、住建等部门履行职能的情况有关。当限购令规定必须“一次性补缴 12 个月纳税”，神通广大的“专业机构”则可以设法通关。最初在监管部门处过关的手段是以开假完税证明为主，在税务系统疏通后，购房者可以在内部缴税系统上，一次性补缴 12 个月纳税，并出具证明。当限购令规定为了杜绝此类现象，要求锁定税务系统的内部系统，使得无法再人为修改纳税记录后，“专业机构” 就会采取补缴社保的方式。方法是先将个人信息挂靠到一家公司，然后以该公司名义补缴一年社保，与税务系统一样，社保一次性补缴，由内部人士在系统上修改即可。甚至是开一张假社保证明，逐层递交后，打通拥有最终审核权的房管局的产权科的关系，来规避限购。房管局也可以以备案合同上的“购房人资格由开发商负责”的字样，将涉嫌违规的责任归于开发商；另一方面，开发商和房管局方面可以称，他们只是根据购房者提供的资料来审查。①

4.评价

这十几年，中国城市建设突飞猛进，其奥秘就在城市政府通过经营土地，积聚了大量建设资金。城市经济飞速发展，市民生活质量不断提高，带动了周边农村经济的转型与发展，吸引了大量外地农民进城务工。其正面效应不容否定。

但问题的另一个方面在于，我国的土地财政主要是依靠增量土地创造财政收入，并千方百计地抬高地价赚取更多的土地出让金来满足财政需求。可以这样说，在我国，目前的土地财政已成为经济生活中的一个乱象，其具体表现如下。

①土地财政已成为推动城市房地产价格不断上升的首因。在中国，楼市无疑是当前最热门也最持久的话题。中央政府出台的各项政策，并

---

① 《武汉地产界做假资料避限购令：售楼员带来本市户籍》，《21 世纪经济报道》2013 年 9 月 18 日。

没有彻底斩断房地产市场上人为哄抬价格的利益链条，或者说根本就没有彻底打破地价与房价环比上升的乱象。地方政府依然迷恋于高地价的狂欢，城市里的那些低收入的无房户依然无法摆脱买不起房的噩梦。目前，在我国许多地方，商品房的价格已远高于社会实际购买能力，按照国际经验标准，合理的城镇房价与家庭年收入比应在 2.6∶1 左右，而现在城镇房价与家庭年收入比平均高达 7.6∶1，有的地方甚至超过10∶1。由于居民对于自有住房需求的刚性约束，他们最终不得不去承受层层盘剥而导致的高房价。

②土地财政已严重威胁到我国的粮食安全。由于目前的法律制度没有对公共利益做出一个明确的界定，这也为政府滥用土地征用权打开了方便之门。许多地方政府往往从自身经济利益出发，利用公共利益内涵的不确定性，对国家土地征用政策进行随意解释，以公益名义大量征用非公益用地。这些用来商业开发的土地，存在违法违规问题，严重违反土地管理法律法规，冲击国家耕地保护红线。同时，征占土地用于不正当目的以及对被征地农民的补偿不到位，也是中国社会矛盾的主要根源。

③土地财政给权力部门带来了寻租空间，不可讳言，土地财政的背后往往隐匿着土地腐败。比如说，有的房地产商之所以能拿到地，就是因为他和权力有千丝万缕的关系，或者说有些房地产商本身就具有政府背景。通过土地征用，政府获得了体现国有土地所有权收益的出让金，这部分出让金实质上构成了寻租的利益空间。而寻租空间的大小又与购房百姓福利牺牲的大小密切相关，寻租空间越大，也就意味着购房百姓牺牲的福利越大。

④土地财政造成了地方政府的惰性。由于土地财政的简便性和易得性，地方政府往往过于依赖土地收入，而不会在其他收入方面寻求突破，从而抑制了地方政府创新的冲动。

⑤土地财政已成为中央政府宏观经济调控的掣肘力量。“对地方政府而言，现在调控房地产、营改增，首先冲击的就是地方财政。”土地财政会成为地方政府掣肘中央政府进行宏观经济调控的重要力量，并会使得中央政府的各种努力大打折扣。地方政府在以房地产为核心的债务方面绑架了中央政府，如果不做出彻底的调整和改变，继续让地方政府加大负债动能，把房地产与经济完全捆绑，对中国经济造成的系统性风险是不可忽视的。

二、案例2:驻京办

驻京办最初的职能是方便地方和中央交流。20世纪80年代以后,地方建设发展项目审批很多都集中在中央各部委手里,“跑部钱进”成为地方政府投资最少、见效最快的途径,而这些驻京办明显增加也正是在分税制之后。分税制改革以后,中央财权大幅提高,形成了一种地方财政权小事大的非均衡状况,使得地方政府无论发达与否,都处于资金“饥渴”状态。这些年来,中央对地方的转移支付逐年增加,从2000年的800亿元增加到这两年来的4000多亿元。而对这几千亿元的资金,却只有一个行政色彩非常浓厚的《过渡期财政转移支付办法》来管理。现行财政转移支付的弊端,正是因为缺乏透明、规范、科学的法治环境。用原国家审计署审计长李金华的话说,这种支付“存在很大的随机性”。① 为了争取地方发展所需的项目、指标、物资和资金等,各级各类驻京办爆发式增长,便于地方官员进京跑人事、跑项目、跑维稳。重点项目一把手直接挂帅,跑政府批文的地方官长期驻扎在北京。为了加快项目批复,常在部委办公室端茶、扫地、打开水。“你不跑不送,吃了暗亏,最终导致的结果就是大家一起跑,一起送。”据统计,经有关部门批准设立的驻京机构,就有600多家,常驻工作人员近万人,固定资产超过100亿元。至于未经批准的企业和地方政府,以及政府某些部门设的驻京办事机构,估计有3000多家。包括各省还有下面市、县驻省会办在内,每年竟然要耗费纳税人7000亿巨资。② 不仅省市有驻京办,而且县乡,甚至村都设了驻京办。这林林总总的驻京办干什么事呢?主要是:(1)与国务院相关部委疏通关系,跑项目审批,要各种经费,特别是专项专门经费和某些财政转移支付;(2)接待当地来京办事的头头脑脑及其家属;(3)负责承接遣返各地来京上访人员,这项工作也需要同北京有关部门搞好关系,否则,上访人员多了,有损地方声誉。

驻京办不仅助长铺张浪费,滋生公款腐败,更严重影响了政府部门形

---

① 这是2005年12月3日,时任国家审计署审计长李金华对转移支付制度中的不规范现象的评价。参见《该到了给“驻京办”诊病吃药的时候了》,《新京报》2005年2月4日。

② 2005年度《中国旅游发展·北京对话》资料。

象。为了治理驻京办的乱象，按照规定，国家近年集中撤销 625 家驻京办事机构，并严禁以变换名称、转移驻地等形式变相保留。但是，很多应撤销的县级驻京办仍然改头换面，有的改名为“在京工作人员服务中心”，有的改为“驻京联络处”或公司、会馆。一些高校也以“驻京研究院”等名义，变相设立驻京办。有的驻京办开到北京近郊的河北廊坊等地。同时，驻京办的办公地点更加隐蔽。有的县级驻京办把办公室设在居民小区，有的依托酒店、旅馆变通运作。一个地方的县级市甚至在北京一居民小区买了一个单元的房产，作为驻京联络机构的办公场所。虽然这个驻京办在名义上早已不复存在，门口也不挂任何牌子，但“人还是那些人，事还是那些事”，仍享受正科级待遇，编制在县里，工资照常发。除了县级驻京办，一些地方政府的职能部门也变相保留驻京机构，专门对口“跑部进京”。一些省直部门表面上取消了驻京机构，暗地里把相关工作人员安排到省驻京办里面，下设处室专门对口联系相关部委。2013 年，因为中央出台了改进工作作风、密切联系群众的八项规定以及中纪委、监察部的通知，所以很多进京会议也低调不少。开会的地点从装修华丽的五星级酒店换成低调不张扬的私人会所。

驻京办之所以屡叫不停，一方面在于“跑部钱进”的利益土壤依然存在。行政审批改革十年来，虽然砍掉了接近 70%的审批事项，但是行政权力依然过大，目前国务院各部门行政审批事项还有 1700 多项。另一方面，现行分税制下，财政转移支付资金缺乏一套规范的计算公式和分配程序，中央各部委在管理和审批上具有很大的弹性空间。尽管中央政府认识到问题的症结，承诺说“在财力分配上，中央政府将建立规范的财政转移支付制度”。但是这将是一个在统一权威之下，逐步摸索，不断完善的过程，有大量的细节与内容有待一步步理清。

三、案例 3：“入不敷出”的收费公路乱象①

长期以来，中国的公路主要是靠政府财政出资修建，由于我国是一个建设资金比较匮乏的发展中国家，从 1949 年建国到 1984 年，政府花费很

① 本节数据来源，若无特殊说明，主要来自 http://business.sohu.com/s2015/picture talk 204/indcx.shtml。

大的气力总共修了92.6万公里的公路。1984年我国确立了"贷款修路，收费还贷"的修路模式，即通过对公路使用者直接收取车辆通行费来补偿公路建设及维护投资的一种公路基础设施成本回收方式。这种模式打破了公里建设单纯依靠财政投资的机制束缚，极大地推进了中国的公路建设。到2013年底，我国公路总里程达到435.6万公里。不到30年时间，增长了近5倍。其中，一级公路和高速公路从无到有，并且取得飞跃式发展，其中高速公路达到10.44万公里，总里程超过美国，居世界第一。在现有公路网中，大部分二级以上的公路都是靠收费公路政策修成的。其中高速公路97%，一级公路61%，二级公路42%靠收费公路政策修成的。截至2013年底，全国收费公路里程达到15.65万公里。占公路总里程的3.6%，其中高速公路10.04万公里，一级公路2.35万公里，二级公路3.18万公路，独立桥梁隧道768.4公里。中国收费公路虽然占全国公路总里程比例并不算高，但我国15.65万公里收费公路占世界收费公路30万公里左右的总里程的将近一半。就高速公路来说，中国99%高速公路收费，而美国这一比例为8%。2013年运输型物流企业过路过桥费平均支出4459万元，运输成本中过路过桥费平均占34%，成为最主要的支出成本。

几千亿的车辆通行费总收入，而且从19家A股高速公路上市公司财务报表中发现，这些上市公司赚钱能力堪比银行，说明收费公路很暴利。让人啼笑皆非的是中国高速公路仍然叫嚣着深陷亏损，入不敷出。根据全国收费公路统计公报，收费公路整体上从2011年开始亏损，亏损额逐年扩大，2013年达到661亿。2013年，全国收费公路车辆通行费总收入为3652亿元，总支出为4313亿元，其中，还本付息支出3147亿元，养护经费支出390亿元，运营管理支出457亿元，税费支出214亿元，其他费用支出104亿元，总体亏损661亿元。是何缘故使得全国收费公路连续亏损呢？原因在于支付贷款本息。公路特别是高速路成本高，资金需求大，银行贷款成为主要资金来源。据统计，现有16.26万公里收费公路累计建设投资为6.15万亿元，以银行贷款为主的债务性资金占七成，且银行商业贷款对高速路这样的基础设施建设一般无利率优惠。加之建设速度加快，积累了高额债务。2013年全国公路收费73%被用于还本付息。一方面还本付息的支出越来越大，另一方面修筑和维护公路的成本也越来越高。高速路成本升高除因原材料、人工成本上涨外,还受征地拆迁费用上升,以及因地形所限需修大量桥梁、隧道、高架桥等因素影响,造价、养护费用也逐年上升。

高等级的公路需求有边际效益。经济发达、人口密集的两个地方之间对高等级公路有很大的需求,也就是说,确实有一些建成较早、成本较低、位置较好的高速公路是盈利的,且利润率较高。但在经济不发达、人口不多的地方,诸如西部地区和边远地区,即使有了高速公路,也没有多少车在上面跑。这些地方收取的公路收费款额甚至远远不够支付银行的利息,整体上肯定是亏损的。因此说,若某地长期内出行需求不足,完全可以修成低等级的普通公路,成本能降低至少一半。但现在的问题在于部分地方政府在高等级公路修建上存在随意调整规划、过度建设等问题。一些省份片面追求 GDP,把修建高速路作为推动经济发展乃至提高政绩的手段,而不管有无车流,更不考虑如何还本付息,有的甚至不切实际地提出"县县通高速"。当然,地方政府热衷于修高等级公路,有些路段存在过度建设的问题,其背后原因主要在于融资模式:修建一级、二级公路,需地方财政全部埋单;而修建高速,地方只需出一部分资本金,大头为银行贷款。

必须指出,这种主要依靠贷款修路,并通过收费的方式还贷的公路建设模式只是在政府财政严重匮乏的情况下一种不得已的选择,因为公路作为一种公共产品,应该主要由政府来提供,建设资金也应该主要依靠政府财政来提供,收费公路最终必定会损害其公益性。收费公路需要偿还贷款,以及地方政府的违规收费,造成了中国物流成本的居高不下,严重影响了中国经济在流通环节的畅通。2010 年,中国货物运输总量的 75% 是由公路承担的,过路过桥费占到了运输成本的 20%—30%。有资料认为:按照当前运营成本来计算,清理公路收费将有效减少物流企业近 15%—20%的成本,这相当于税率负担的 3—5 倍。一般而言,公路的建设和管理费用都是从国家税收中支出。我们国家征收了"燃油税",我们的税收完全能支撑起公路的建设和养护。2009 年,燃油税改革为中央财政增收带来了数千亿税金,但当年返还给地方修路的只有 260 亿,这种"中央请客,地方买单"的方式可能也是地方政府继续以各种名目乱收费的导因之一。收费公路的亏损,导致一些地方政府受利益的驱动,往往擅自提高收费标准，违规收取通行费，违法延长收费时间，很多公路即使在还清贷款之后依旧收费。还有的地方政府将已偿清贷款的公路卖给企业变成经营性公路，并且一再倒卖，结果是收费年限一再延长。更有部分地方政府并没有将收费公路收取的费用直接纳入财政收支，而是单独成立运营公司进行管理。

四、案例4："全国最强市级县"的GDP飙涨的成本

2014年8月2日，江苏省昆山市中荣金属制品有限公司抛光车间发生粉尘爆炸特别重大事故，造成75人死亡，185人受伤。初步判断，事故起因是粉尘浓度超标，遇到火源发生爆炸，是一起重大责任事故。而与这样一起惨烈的事故形成强烈对比的是昆山亮眼的GDP成绩单。虽然昆山只是苏州的一个县级市，但经济体量非常庞大，当地居民十分富有。2000年，昆山市GDP就突破200亿元，随后每年平均按照25%左右的速度在增长。2007年，昆山市GDP达到1150亿元，首次突破1000亿元，成为继广东顺德后第二个GDP突破千亿元大关的县级市。2012年昆山人均GDP相当于60000美元，城镇居民人均可支配收入40510元，农村居民人均纯收入23630元，居全国所有城市之首。① 在2013年，昆山市GDP达到了2920亿，接近当年海南全省的GDP总量，成为中国大陆经济实力最强的县级市，蝉联全国百强县之首。另一个让人不解的地方是，尽管可谓是"富得流油"，为何生产设备却如此落后？透过媒体对事发工厂的员工、员工亲属以及当地群众的采访发现，作为外商独资企业的中荣金属公司，具有"血汗工厂"的许多特征：第一，中荣工厂内部环境污染严重，"干一天活后整个人都会变黑"。此次爆炸发生于抛光车间，抛光车间密度大，生产线每米有2名工人，平时开工时，"粉尘大得都看不到人，白茫茫一片"。铝粉尘密度高，即使不爆炸，员工也有可能得硅肺病，而硅肺病是无法治愈的。第二，据悉，这个行业的毛利率并不低，但遗憾的是，这些利润并没有转化为安全设施的投入。不讲究工厂安全，环境污染成本极低，生产成本低，工人维权成本高，安全检查形同虚设。据员工反映，这个公司除尘设备不保养，或者干脆不开，甚至连劳保都没有达到国家标准，工

① 《2012年昆山亮眼成绩单》，人民网2013年1月4日。

人隔着薄薄的口罩呼吸的都是混杂着大量粉尘的空气，干上一年就得硅肺病。第三，昆山中荣金属公司订单非常多，需要连轴转才能忙得过来，所以公司施行两班倒，加班也是常态，工人长期缺乏休息，即使是自己不想赚加班费，也没决定权。据媒体报道，涉事工厂不允许周末请假，如果周末不上班，反而要扣钱。试想，如果不是因为加班现象严重，上班时间过长，爆炸案发生的时候，工厂不会有那么多工人，损失也会少一点。

合抱之木，生于毫末。任何一起严重事故的背后，必然有 29 次轻微事故和 300 起未遂先兆，以及 1000 起事故隐患。这是飞机涡轮机的发明者德国人帕布斯·海恩提出的安全法则，被简称为“海恩法则”。按照这个法则，中荣工厂存在 1000 次事故隐患，有 300 次让人“吓出一身冷汗”的未遂事故。也就是说，如果中荣工厂的管理者能真正重视安全生产的话，那么他们至少有 300 次机会发现隐患，不让事故发生。诡异的是，此次出事企业所在地昆山经济开发区，于当年 3 月 20 日曾召开全区安全生产会议，各企业负责人被组织观看事故警示片，并签署责任书，管委会负责人要求各企业安全生产工作“功夫在平时”“警钟长鸣”。但是，事故车间工人截至爆炸发生前，竟然不知道粉尘会爆炸，之前也没人去说粉尘会爆炸。那么，签订的责任书不是满纸荒唐言又是什么？这中间，相关职能部门和企业之间究竟存在怎样的瓜葛和说不清、道不明的勾连？[①] 上述发生在昆山这些具有鲜明对比效果的现象其实具有代表性。在中国，由于受“GDP 指挥棒”影响，多年来各地政府只顾经济增长，而较少顾及环境保护、劳动者健康。在真金白银面前，一些地方政府难挡污染环境且损害劳动者健康的“带血的 GDP”的诱惑。昆山爆炸事故是一次无法挽回的惨痛灾难。痛定思痛，各地政府部门和企业必须吸取血的教训，不能只是盯住经济发展漂亮的数据，而无视“以人为本”的理念，确实应该严格排除安全隐患，切实维护劳动者权益，避免灾难和悲剧重演。

第二节　非规范竞争行为的一般性描述

根据相关文献的描述和我们田野调查的体会，地方政府的非规范竞争行为贯穿于迄今为止的改革开放全过程，其间的中国的财税体制的变

---

① 思涵：《昆山爆炸背后："带血"的 GDP 亮眼》，《财经安全报道》2014 年 8 月 4 日。

迁过程，其实也是一个充满了规制和反规制的竞争过程，下面就其典型表现略述一二。

第一，讨价还价。地方政府在追求自身利益最大化的情况下，会充分利用自己的“代理资源”，与中央政府讨价还价，诱使其做出对自己有利的制度安排。一是在支出事权安排上与中央协商，尽可能将事权上交。二是在财权分配上与中央讨价还价，争取最大的经济利益。三是向中央争取更多的转移支付资金。四是以预算外资金、土地开发及其收入为公共商品融资，吸引民间资金进入基础设施建设领域等，以解决地方政府供给公共商品资金不足的困境。20 世纪 80 年代的“财政包干”体制下，许多地方政府在与中央“讨价还价”中，倾向于要求增加支出基数，压缩收入基数，以提高分成比例。在自己职权范围内尽可能地争取给予一些不符合新办企业条件的企业以新办企业税收优惠，如扩大税收优惠使用范围，提高优惠比例，延长优惠期限，违规减免税收等好处。1993 年的分税制方案的形成和实施过程中，央地政府间也是经过激烈讨价还价的。其具体方案的形成和贯彻，央地政府间经过一番极为剧烈的博弈过程。具体情形本章第三节将做具体描述。

第二，“合理犯规”。中央推出的政策一般都是具有方向性、原则性的，地方政府往往倾向于利用中央政府的授权和自由裁量权，在不越过自身担当底线的前提下，通过对这些政策和要求进行“合理犯规”，最大限度地保护或满足自身利益。这一行为策略的主要表现为：其一，“层层加码”。当中央政策基本符合自己的利益时，地方政府在执行中央政策的过程中往往会再增加一些中央政策原本没有的规定，以求自身利益最大化。譬如为了“短期内显示最佳经济政绩”，许多地方官员不顾条件地热衷于进行基础设施建设、城市建设、大项目建设（特别是生产高税产品和预期价高的产品）等。其二，“有所为有所不为”。地方政府支出结构偏向上，出现了“重基本建设，轻人力资本投资和公共服务”的明显扭曲，反映在财政支出结构上，就是偏重见效快、增长效应明显的基本建设投资，忽视科教文卫投入。其三，“软抵抗”。当中央政策不符合自己的利益或者对中央政策的执行无法使自己获益时，地方政府往往采取回避、敷衍等“对策”，甚至以地方的“土政策”来代替中央的统一政策。在执行过程中，地方政府通过采取对中央政策的“层层截留”“曲解规则”“补充文件”“改头换面”等各种手法,化解中央政策的力度。如笔者在Y省调研时,一位省委政策研究室的干部说:Y省的经济发展的经验就是税收上的“放水”,就是如果按制度和规定征税,企业都会因税负太高而破产,所以,地方政府部门在征税时,睁一只眼闭一只眼。

第三,“另辟蹊径”。除了税制规定的地方应得部分外,地方总是寻觅其他的财政收入来源,即预算外收入和其他“灰色”收入。20世纪80年代,地方政府巧妙地运用“分灶吃饭”的财政体制的制度空间,运用兴办地方企业、自行减免税、少报收入基数和利润水平、搞贸易壁垒、实行地方保护、增加预算外收入等方法来实行地方财政利益最大化。最终造成中央财政“不得不屈尊下求,向地方借钱‘要饭’过日子”。中央政府的财政窘境为分税制改革埋下伏笔。分税制改革后,在地方的财政收入中,除了分税制下地方应得部分外,还存在非预算收入、预算外收入和其他“灰色”收入等其他的来源。地方政府千方百计增加自己的收入,包括挖掘地方税潜力;对公有制企业进行转制破产;“经营城市”,开辟以卖地作为第二财政的房地产财源;在非税收收入上,则是将预算内收入转化为预算外收入、出让土地使用权、银行贷款、“乱收费、乱罚款和乱摊派”、拖欠工程款等各种途径,获取相当比重的财政收入。地方政府在财税上“另辟蹊径”的另外一个重要情况是通过恶意透支政府信用盲目追求发展速度,造成了数额庞大的地方政府负债。这样,分税制改革后,从1995年到2001年间,中央财政收入占全国财政收入比重不增反降,一直徘徊在50%左右。

第四,弄虚作假。为了实现自己财政利益的最大化,地方政府有时利用信息的收集和整理权虚报数字。一是地方政府对中央政府存在依赖现象,为获得较多的转移支付,经常不努力征税,甚至制造更大的财政缺口;二是地方政府利用自己的信息优势,向中央政府展开游说活动,刻意隐瞒真实信息,争取有利于本地区利益的补助额;三是追求扩大地方收入、减少上缴中央的财政额度或争取得到中央政府更多财政补助。譬如利用信息的收集和整理权虚报数字,在1993年分税制改革和2001年“所得税共享改革”过程中,当中央同意地方政府要求以当年为基期年后,这些方案迅速通过各种渠道向外扩散。获得信息的各省地方政府职能部门领导,为了自身的利益,立即纷纷付诸行动,拼命增收,纷纷挖空心思千方百计上基数，甚至以身试法[①]。又譬如分税制实行以后，地方政府对不符合条件的企业出具虚假手续骗取税收优惠资格（假福利企业、假高科技企业）现象很普遍。税务机关因在诸多方面受制于当地政府，可能和地方政府结成利益共同体，想方设法按其指定的税率征税。“弄虚作假”最为夸张的一幕是，从 1995 年 3 月至 1997 年 3 月，某县的“国家税务局”为了使县财政获得 2000 万元收入，不惜支持犯罪分子减少中央收入 1.8 亿元，同时减少其他地方收入 3.7 亿元（仅仅浙江省就减少了 1.7 亿元）[②]。

第五，运用体制外的方式向中央示好。表现为迫于非理性的地方竞争而曲意向中央示好，各地方为争取财税资源、发展空间、优惠政策和晋升机会而采取体制外的方式取悦或应对中央有权部门。各地方为争取财税资源、发展空间和优惠政策，运用不同形式的资本（政治资本、社会资本、经济资本）和非正式的社会过程（如社会关系纽带和礼物交换），通过多维度的互动，去取悦或应对中央相关职能部门。诸如“跑部求章（公章）”“跑部求钱”，利用“驻京办”和各种协会进行游说、寻租等行为，曲意向中央提出种种利己的要求，争取有利于本地区利益的财政政策。有的地方政府偏好向中央示好或“哭穷”，向中央部门提出种种利己的要求，以求减少上缴中央的财政或取得中央政府更多财政补助。这其中专项转移支付这块“公地”成为地方政府努力争取的重点，特别是专款补助，在现实中常常是“会哭的孩子有奶吃”，谁“跑得勤，叫得响，配套资金多”。

第六，“地方权力与资本携手”。对财政收益的渴求和地方代理人的个人利益诉求，往往会导致地方政府与地方利税大户，诸如煤矿主、房地产商、地方大型企业主等，在一个利益链条上生存。某种程度上形成了政府行为的商业化，某些地方政府官员经常亲自出面为利税大户及其代理人提供种种非正常的支持和保护，个别地方甚至出现地方权力黑恶化的苗头。

总之，这种“非规范竞争行为”，的确有着一些“把激励做对”正面效应和“抢先出牌”后的创新效应（钱颖一，2008）。但其负面效果和消极影响也

---

① 翁礼华：《共赢的博弈——纵观中国财税改革》，经济科学出版社 2008 年版，第 165—175 页。

② 罗伊·鲍尔：《中国的财政政策——税制与中央及地方的财政关系》，许善达等译，中国税务出版社 2000 年版，第 11—12 页。

是明显的:大量采取这种行为方式进行博弈的结果是严重干扰了国家意志的贯彻,违背了主流意识形态原则,加剧物质利益关系的扭曲,导致国家宏观调控失灵,耗损了经济效率,侵蚀了国家财政收益最大化的基础,侵蚀中央、国家和正式规范的权威,带来了体制失信、腐化与道德风险。最终这些负"外溢性"累积到最后还是转嫁到中央政府头上。

第三节　过程描述:改革开放以来财政领域的政府间竞争

一般而言,地方政府总是倾向于采取各种途径追求自身的经济发展和财政收入,但地方政府在财政分配关系中的竞争策略,使得中央政府在财政"蛋糕"的切块上,每每处于不利地位。出于对财力、财权中央集中的重要性,以及对地方政府非规范竞争行为危害性的认识,处于不利状况的中央政府往往借助政策制定者的地位,强制变更游戏规则,诸如采取提高地方收入上缴基数,增加分成比例等新措施,使分配结果有利于自己,或者是将一些理应由中央全部或部分承担的事权要求地方出全部或配套的资金,即所谓的"中央政府无经费式指令性项目"。而每当中央把某一领域的权力上收,或者制定更为严厉的政策来削弱地方的行为空间和政策自由裁量权时,地方政府虽然不得不执行,它却可以通过弹性的制度空间开辟新的财政攫取的领域和手法。这又使得经济发展经常陷入严重失衡或过热状态,最终导致中央的宏观调控出台。但中央在宏观调控的政策选择上,往往面临着两难:力度不够,得不到有效治理,相对权力被削弱;力度太大又面临着经济"硬着陆"的危险。地方政府预期到经济将出现紧缩时,为了能在中国特有的经济周期波动中获取最佳发展空间,往往会在经济上进行最后的冲刺,导致宏观"微调"收效甚微。而当地方政府对中央经济调控的"阳奉阴违"导致的社会经济问题越来越严重情况下,中央政府最终不得不选择一些"硬性"的行政手段来调控经济。于是,地方政府又会开始新一轮"上有政策,下有对策"的游戏。这也是改革开放以来中央每隔几年就要改变对省财政管理体制的主要原因,也是我国宏观调控呈现周期性的重要推因。地方政府的非规范竞争行为贯穿于迄今为止的改革开放全过程,其间的中国的财税体制的变迁过程,其实也是一个充满了规制和反规制的竞争过程。

一、1980 年开始实行“划分收支，分级包干”的管理体制

中国在 1980 年至 1984 年实行的一种财政管理体制，俗称“分灶吃饭”财政体制。1980 年 2 月，国务院颁发了《关于实行“划分收支，分级包干”财政管理体制的规定》。这一体制的主要内容是：①明确划分中央财政与地方财政的收支范围，即根据各种财政收入的性质和企业、事业单位的隶属关系，实行分类分成的办法，将财政收入划分为中央固定收入、地方固定收入和中央与地方调剂分成收入三类。财政支出按企业、事业单位的隶属关系划分，由中央直接管理的，列入中央财政预算支出；由地方管理的，列入地方财政预算支出。另外，中央专项设置了一部分资金，用于解决预算执行中发生的特殊问题。②合理确定收入、支出基数和调剂分成比例。依据上述收支划分范围，地方财政的收入、支出包干基数以 1979 年财政收支执行数为基数确定。地方支出基数首先用地方固定收入抵顶，固定收入不足以抵顶支出基数，则划给调剂分成收入，然后再与支出基数比较，收入大于支出基数的按比例上交中央财政，收入小于支出基数的由中央财政给予定额补助。收入基数、支出基数和调剂分成比例确定以后，五年不变。1985 年后在此基础上实行“划分税种、核定收支、分级包干”的财政体制，财政收入的划分基本按税种设置，将财政收入划分为中央、地方、中央和地方共享三类收入。1988 年开始根据各地经济发展的具体情况推行财政包干办法，对不同的省、自治区、直辖市分别实行“收入递增包干”“总额分成”“总额分成加增长分成”三种不同形式的包干办法。从上述 1980 年至 1994 年期间的三次政策调整可以看出，财政收入基本分为三块：中央、地方和分成收入。不同级别的地方政府承担不同的支出责任，收入支出的基数由新政策前一年的财政收支为参照，收入的分成因各地区的具体情况不同而各不相同。

这种中央政府的行政分权和财政分权的改革，是在不改变政治权力基本结构的条件下，中央和地方实行经济上的分权，下级政府向上级政府承包一定的税收，上缴税款达到一定份额后，剩下的就归自己支配，并承担相应的事权。财政包干制把物质激励摆在首位，一定程度上改变了官僚体系的低效率和不恰当的精神激励主导的激励制度，结果大大刺激了地方政府发展经济的动力。这种思路的转变其实对政府管理体制来说是

一个质变。这种所谓的"财政分权化"体制对地方政府具有很强的财政激励效应,它们会有很大的积极性去追求地方经济发展。正是在这一"本能"驱使下,地方就会为了自己的收入最大化而努力,这就是地方政府保护和增进市场并促进其增长的动力来源。同时,也应该看到,地方政府也因此就更有可能利用手中的职权谋取本地财政利益最大化,这种体制环境下产生的地方政府与中央政府间的博弈行为,主要体现在三个方面:

一是财政分配上的博弈。虽然所有税种的税基和税率都由中央政府确定,税权高度集中,但几乎所有的征税工作都由地方政府掌握。地方政府巧妙地运用"分灶吃饭"的财政体制的制度空间,热衷于追逐"包干外收益"的小共同体,增加预算外收入。地方政府一方面大力兴办地方企业,对其辖区内重要财源的各种经济体,则更多地考虑如何以各种形式的优惠政策,自行减免税,藏富于"企",培养财源;另一方面对于其他地方政府则采取设置区域性贸易壁垒、推行地方保护主义等非市场手段。

二是在向中央争取政策上的博弈。由于收入分成等问题需要协商解决,这就导致地方政府对中央有一定的讨价还价权力,地方政府尽可能争取更多的中央财政补贴来实现地方财政利益。在中央实行地区倾斜政策的情况下,地方政府会努力向中央争开发区政策,争先行改革或改革试点的政策,目的是争取国家在税收、投资项目审批、吸引外资等方面给某些地区特殊的优惠政策。在争得向自己倾斜的政策后便会尽力用足用活政策,甚至对中央政策进行变通,打"擦边球",尽可能减少对上级的财政贡献。

三是地方政府对中央政府某些政策的逆向反应。在这一讨价还价式的博弈过程中,由于单一制体制与不完备的技术手段之间存在张力,在科层制中有信息不对称性的问题,导致上级部门的监督机制难以奏效,在政策运作中普遍运用"变通"方式。这样一来,导致中央和地方政府之间越来越难以实现激励相容,地方政府为谋求私利而不顾国家的全局利益的异质性行为产生。比如,中央政府可能通过加税使过热的经济降温,但地方政府的反应可能是通过修订企业承包合同来刺激投资,或者他们可以给企业税收优惠待遇来帮助企业躲避中央税收的影响。在一些经济增长较快的沿海地区,地方政府与所属企业达成利益同盟,少报收入基数和利润水平,以达到藏富于企业的目的或将预算收入转化为预算外及非预算收入，以减少与中央政府的共享收入等现象在中国经济过渡时期屡见不鲜。

总之，20 世纪 80 年代，随着市场化取向改革的深入，地方政府本能地寻求财政利益最大化。导致 1994 年前的财政体制中，中央和地方政府财政分配格局陷入困境，中央财政收入比重急剧下降。中央一级财政收入占全国财政收入的比例也逐年下降，以致连年发生赤字，最终造成中央财政“不得不屈尊下求，向地方借钱‘要饭’过日子”的现象。另一方面则是地方政府自主性的膨胀，地方政府和企业常常用掌握的预算内和预算外资金追求与全局利益相违的特殊利益，产生了影响全国统一市场与产业结构形成的地方保护主义。而中央政府在使用适度的财政政策上的能力受到限制，因为存在被地方政府的对策化解的可能性，导致“上有政策，下有对策”。

二、“分税制”财政体制的确立①

国务院于 1993 年 12 月 25 日颁布《关于实行分税制财政管理体制的决定》。决定指出，根据党的十四届三中全会精神，自 1994 年 1 月 1 日起改革地方财政包干体制，对各省区市以及计划单列市实行分税制财政管理体制，即“分税制”财政管理体制。中央应该集中财权与财力以更好地实现国家意志和保证国家能力，这是 1993 年分税制改革的价值取向。中央下了这个改革的决心后，其具体方案的形成和贯彻，央地政府间经过一番极为激烈的博弈。2013 年 7 月底，财政部拿出的分税制收入的划分方案，立即受到发达省份的强烈反对。财政部不得不于 8 月组织力量在北戴河重新研究一个月，拿出一个比较渐进的方案，并且在收入划分问题上做了一些让步，才得以通过。分税制改革的博弈产生的另一个制度结果就是“税后返还”政策。由于地方政府对增值税和消费税的划分方案不满意，最终使得财政部不得不拿出一个兼顾中央和地方利益的妥协的方案——上划“两税”比上年增加部分以 1∶0.3 返还的政策，一定程度上照

① 本节文字的数据资料主要参考了原浙江省财政厅厅长（1993 年至 2003 年在任）翁礼华所著的《共赢的博弈——纵观中国财税改革》（经济科学出版社 2008 年版）。该书详尽记述了作者以当事人的身份参与财政问题中的重大政策的酝酿和决策的过程。

顾了地方的既得利益。

其次是基期年的确定问题上的博弈。财政部要求以1992年为基期年，但地方政府不同意，要求以1993年当年为基期年。广东的理由是，假如以1992年为基数，其结果是不仅没有把邓小平南方讲话成果都包含在内，也使得广东完成邓小平南方讲话中提到的广东20年内赶上“四小龙”的要求有问题。为了了解地方的诉求，说服地方，时任国务院常务副总理的朱镕基于1993年9月开始，带队到地方调研，历时两个多月，走访十三个省。他自己后来回忆说：“那段日子是东奔西走、南征北战、苦口婆心，有时忍气吞声，有时软硬兼施。”①

当中央从建设社会主义市场经济等宏观政治方面考虑，同意以1993年当年为基期年后，方案迅速通过各种渠道向外扩散，获得信息的各省为了自身的利益，纷纷付诸行动，拼命增收，以提高基数。通过有限的几个工作日的加班和动作，全国有4个省市9月份当月增长就超过100%。

三、分税制改革后竞争情形

分税制改革后，地方开始动脑筋，千方百计增加自己的收入。其措施有对公有制企业进行转制破产、“经营城市”，不遗余力地发展以卖地作为第二财政的房地产财源，挖掘地方税潜力，在非税收收入上下功夫，等等。这样，从1995年到2001年间中央财政收入占全国财政收入比重不增反降，一直徘徊在50%左右。于是中央政府便利用自己“制定规则的权力”的权威地位，于2001年10月再次进行了集中财力的“所得税共享改革”。对中央的这个决定，地方也有应对策略。首先是要求中央同意以2001年当年为基期年，当中央同意地方意见的消息披露后，全国不少地方在利益驱使下，闻风而动，纷纷挖空心思千方百计上基数。急得国家税务总局在12月3日发出《关于做好2001年12月份所得税征收管理的紧急通知》，要求规范收税。尽管该通知措辞严厉，发布及时，但不少地区还是有令不行，有禁不止，为了扩大基数，不惜为之一搏，职能部门领导不惜施展各种手段，甚至以身试法，因为他们相信为了当地利益挺身而出，地方党政领

① 财政部原部长项怀诚回忆分税制财政体制改革手稿，引自翁礼华：《共赢的博弈——纵观中国财税改革》，经济科学出版社2008年版，第162—163页。

导在最后关头一定能保其过关，不会让他们白白牺牲。尤其有人竟以国家税务总局的通知中“前10个月按季征收的，原则上不能改为按月征收”的“原则上”三个字大做文章，作为变通的突破口，扩大了全年的收入基数。

在这种“赴汤蹈火，在所不惜”的拉高基数的浪潮中，2001年第4季度全国企业所得税平均增长111.4%，增幅最高700%。这些极端离谱的增长率导致了中央不得不按新的方法重新计算基数，并且要求以“严重作风问题”处理。只是到后来，因为当时财政部长的“经济问题不宜政治化，还是以经济手段处理为好”的建议，那些为了地方利益，不惜通过作假来提高基数的地方财政局长们，才总算结束了“等待中的痛苦煎熬”。这次税制改革对于企业所得税的征收，财政部的意见是改革完成后由各地国税局征收，结果讲话一经传达，各地地税局反映十分强烈，南方一个发达省份的地税局长竟直面总局，提出如果不让地税局征收，他就要愤然辞职。时任国家税务总局局长金人庆为了平衡国税局和地税局的关系，明确老企业继续由地税局征收，新办企业由国税局征收的规则。

此外，中央与地方在出口退税财政负担比例上的若干次博弈，农村税费兴废改革中都产生过诸多利益博弈。为鼓励出口，国家在改革开放后，实行财政补贴的出口退税政策。随着出口退税激增，中央财力难以承受出口退税款，1994年以后多次调整出口退税政策，仍然难以承受来势汹汹的出口退税款。而当中央调整出口退税政策后，“不堪重负”的地方政府开始以各种手段限制和驱逐纯外贸企业。在2003年全国人大十届一次会议上，不少代表对财政部的预决算报告提出强烈的质疑，认为全国赤字应该加上中央财政2477亿的拖欠退税款，与会的企业家也对企业与国家“在法律上不能在同一起跑线上”表示了强烈的不满，认为“这不符合现代国家公民与政府之间的平等原则”。为了维持平衡，中央政府不得不又在2005年及时调整了中央与地方的财政负担比例。

第二章　行政环境分析

行政环境是指行政组织赖以运行的一系列政治、经济、文化、社会和心理等方面的条件。任何行政制度的产生都有其深刻的行政环境背景，也只有在一定的行政环境中才能有效地确立和发挥作用。行政环境形塑了个人和行政组织的行为方式。地方政府非规范竞争行为不能简单地归咎于政府官员或执行人员的素质或能力，其大量存在和重复再生是政府组织结构和制度环境的产物，在很大程度上也是近年来政府制度设计在实际执行过程中偏离政策初衷而产生的非预期结果。而欲改变这一状况，首先需要对政府行为的制度环境进行深入、系统的研究。

第一节　行政环境对行为主体的深刻作用

一、理论渊源

关于环境对行为主体的深刻作用，早在古希腊时期的哲学家就有相关阐述。在古希腊，米利都学派的泰勒斯就已经把宇宙看成一个自我循环的自然总体。毕达哥拉斯认为人是一个整体，而且与宇宙整体同构。伊壁鸠鲁试图从世界统一性、整体性和一体性的角度来回答世界的本原问题，他创立的原子说把宇宙分为若干层次，而把原子视为其最基本的要素。亚里士多德曾经说过一句名言："只有那只活着的能工作的手才算人的一部分；假如是一只死手，那就不算是人的一部分。"在他看来，整体先于部分而存在，先有目的然后才有目的的实现；没有整体，我们就不能理解部分。随着人类理性认识的不断发展，人们对物质世界的相互关系的认识越来越深入。黑格尔开创的辩证法，创造性地提出了事物间有机的相互作用、相互联系的整体性思想。

马克思主义关于物质世界是普遍联系的哲学认识，正是在充分汲取往圣先哲的思想，特别是黑格尔辩证法“合理内核”基础上，实现了对事物关系认识划时代的变革。恩格斯曾经极为形象地描绘了物质世界是相互联系的这个哲学命题：“我们深思熟虑地考察自然界或人类历史或我们自己的精神活动的时候，首先呈现在我们眼前的，是一幅由种种联系和相互作用无穷无尽地交织起来的画面。”①具体地说，马克思主义认为：第一，联系具有普遍性。世界上没有任何孤立存在的事物。一切事物、一切现象都是互相联系的。整个物质世界就是以多种形式相互联系的整体。第二，联系具有客观性。联系是事物本身所固有的，是客观的、不以人的意志为转移的。第三，联系具有多样性。联系是复杂和多样的。物质世界联系的普遍性，是通过具体的事物多种多样的具体联系表现的。第四，事物的联系构成事物存在和发展的条件。这里所讲的“条件”，是指同某一事物相联系的，对它的产生、存在和发展发生作用的各种要素的总和。由于事物的联系是复杂的，因此，事物所处的条件也是复杂的。不同的条件，对事物的存在和发展所起的作用也不同。具体地、全面地分析各种不同的条件，是我们正确分析问题、处理问题的前提。第五，联系具有系统性。物质世界是普遍联系的，事物不但与它周围的事物互相联系、互相作用，而且事物内部的各个部分之间总是处于联系和互相作用之中，构成一个开放的系统。

现代科学中的横断科学如系统论，也从一个侧面证明了马克思主义关于物质世界是普遍联系的观点的科学性。系统论认为世界上任何事物都可以看成是一个系统，整个世界就是系统的集合。其基本思想方法，就是把所研究和处理的对象，当作一个系统，分析系统的结构和功能，研究系统、要素、环境三者的相互关系和变动的规律性。系统论的创始人贝塔朗菲强调，任何系统都是一个有机的整体，它不是各个部分的机械组合或简单相加，系统的整体功能是各要素在孤立状态下所没有的性质。同时他认为，系统中各要素不是孤立地存在着，每个要素在系统中都处于一定的位置上，起着特定的作用。要素之间相互关联，构成了一个不可分割的整体。要素是整体中的要素，如果将要素从系统整体中割离出来，它将失去要素的作用。

---

① 《马克思恩格斯选集》第 3 卷，人民出版社 1995 年版，第 359 页。

联系的观点和方法同样被新诞生的行政管理学广泛采用。20 世纪 30 年代末,巴纳德将系统论引入对企业组织的研究,其一般性结论很快散射于各类社会组织:一个社会组织必须同时兼顾内部平衡和外部协调两个方面才能生存和发展。从相对意义上讲,对外协调比对内平衡在操作上更困难,因为外部环境变量更具不可控性。到了 20 世纪 60 年代,西方行政学界开始尝试把一般系统理论与公共行政学相结合,从生态学的新视野来研究行政行为与其周围环境的关系,即通过生态系统的模拟来研究行政生态系统。在此基础上,形成行政生态学。这种行政观认为,行政组织不仅有静态的结构、动态的功能与行为,而且是一个有机的生命体,是随着环境变化而自我适应、自我调整的一个开放系统,是整个社会系统的一个子系统,因此,必须关注行政组织与内部环境和外部环境的平衡。由此,该派研究的主要内容,一是探讨各国所特有的社会文化以及历史等诸因素是如何影响并塑造该国的公共行政。二是探究各国的公共行政又如何影响该国的社会变迁及发展。行政生态学的理论先驱是美国学者约翰·M. 高斯(John M. Gaus),他正式把“生态学”一词引入行政学研究领域。而理论集大成者则是另一位美国著名行政学家弗雷德·W. 里格斯(Fred W. Riggs)。弗雷德·W. 里格斯 1957 年发表的《农业型与工业型行政模式》以及 1961 年发表的《行政生态学》被引为典范式的生态行政学论著。他运用生态学的理论与方法来研究行政现象,即从公共行政的社会环境、文化背景、意识形态等外部关系上着手,去分析一个社会的行政制度和行政行为。他认为影响一个国家行政的生态要素是多种多样的,其中最主要的生态要素有五种,即经济要素、社会要素、沟通网、符号系统及政治构架。这些要素之间不是互相孤立的,而是交叉作用、互相影响的,因此在实际考察中,既要注意到各个因素的独特性,又要注意到彼此之间的互动性。他重点分析了过渡社会公共行政的异质性、重叠性与形式主义三个基本特征。弗雷蒙特·卡斯特(Fremont E. Kast)是迄今把系统论用于管理研究的最为体系化的学者。卡斯特从系统论的整体观念出发,强调组织是一个开放的系统。现代管理者必须把组织视为一个开放的系统,即与周围环境产生相互影响、相互作用的系统。一个组织的成败,取决于其管理者能否及时察觉环境的变化,并及时做出正确的反应。他把组织分为目标与价值、技术、结构、社会心理、管理五个子系统,从于系统之间的关系以及系统与环境的相互作用来探讨管理问题。后来,他又在系统理论的基础上增加了权变观点。

二、行政环境的分类

行政环境是一个由众多既相互联系又相互制约的因素构成的非常复杂的综合体,包括对行政组织的产生、发展和运行产生直接、间接影响的各种要素。因此,对制度环境的分类,不同的角度就有不同的分类。

(1)从层次结构的角度看,任何制度的存在都可以用三个维度去考察:微观环境、宏观环境和中介环境。微观环境是指组织系统本身,包括组织的目标、结构、人员、权力系统、规章、政策等因素。宏观环境是组织运行的外部环境。由于行政组织并非在任何情况下都是直接与外部环境发生关系,因此,那些方便组织与环境联系的环节因素构成了中介环境。

(2)从影响制度运行的方式和效果划分,W. 理查德·斯科特(W. Richard Scott)将制度环境划分为:第一,强制性制度。强制性制度来源于政治压力和合法性问题,它们以法律授权的强迫或威胁引导着组织活动和组织观念。第二,规范性制度。规范性制度与道德规范和专业化相联系,这些制度引导组织活动和信仰的能力大部分来源于社会责任和专业化。第三,文化认知方面的制度。文化认知方面的制度指的是共享的重要价值观、信仰和认知框架的集合体,它可以为组织成员提供模式化的思想、感受和反应,从而引导其制定决策和进行其他行为,它决定了人们共同的价值观、信仰以及行为取向。

(3)从社会环境的基本要素和社会的基本结构的角度看,可以把环境分为政治环境、经济环境、文化环境等。卡斯特曾把环境要素归结为文化、技术、教育、政治、法制、自然资源、人口、社会经济、国防。具体说来有如下几点:

①政治环境。政治环境是对行政主体发生直接、重要影响的条件因素。由于行政组织的价值前提和活动的依据是政治环境给定的,政治环境对行政组织的严格约束就在于,行政组织必须对已经确定的利益表达、分配行为给予合理认可,并予以辅助或制止其中的不合理部分。换句话说,行政组织面临的政治环境就是它必须遵守和执行一个确定的“利益游戏规则”,同时肩负维护这些规则的使命。

②经济环境。经济环境指经济活动和经济关系的总体状况，包括诸多因素：自然资源、人口、科技发展状况、国民收入、所有制、分配方式、财政信贷等。这些因素作为一个相互依赖和相互作用的整体，可概括为一个社会的生产方式。鉴于任何经济活动都主要面临资源配置方式的问题，由它决定特定的经济形式，因而经济环境对行政组织的影响主要在于经济体制、利益关系和政府职能三个主要问题，其中经济体制又最为重要。

③文化环境。文化也是构成行政组织环境的重要一环。文化有广义和狭义之分，广义的文化指人类所创造的一切物质成果与精神成果的总和。狭义的文化指主观意识领域，既包括人类所创造的精神成果，如道德、哲学、各种制度等，也包括价值标准、思维方式、民族性格等深层的东西。

(4)从环境的物质形态的角度，可以将环境划分为“外在自然环境、器物和思想观念”。譬如孟德斯鸠从法律与自然地理环境关系角度探讨“法的精神”；托克维尔在讨论哪些是有助于美国维护民主共和制度的主要原因时，将它们归结为“地理环境、法制、生活习惯和民情”三项。中国学者研究中国近代化的进程时，也往往从“器物、制度和观念”三个层次来分析说明。这里的“外在自然环境”是指一个国家拥有的客观自然条件，例如地理、气候、区位、食物、土壤、面积、资源等。譬如有研究强调，中国的地理条件对建立大一统的中央集权体制具有关键作用。与此类似，也有学者强调水利条件及治水的需要对建立中央集权国家的重要性。魏特夫等就认为，大规模的水利工程促进了中央集权制官僚国家的兴起。尽管“环境决定论”的观点已经受到了普遍的质疑，但地理、资源、区位等各种自然条件对制度，特别是对一个国家中央与地方关系制度安排产生重要影响，是毫无疑问的。这里的“器物”是指制度安排所依据的物质基础和技术条件，它既包括一个国家经济社会的发展状况，也包括具体所采用的技术手段。很显然，国家处于不同经济发展阶段，是农业社会、工业社会还是信息化网络社会，无疑会对其中央与地方关系的制度安排产生截然不同的巨大影响。同样，不同国家的人们所拥有的物质生活水平、所达到的教育程度等状况，对包括中央地方关系在内的各种制度安排也有着重要的影响。人类的具体行为是在一定的动机驱使下所产生的，这些动机不仅受到现实世俗层面的制约，也会受到精神超越层面的影响。“思想观念”是指支撑一个国家制度安排的理念系统，它既包含超越层面的终极价值，也包含世俗层面的文化习俗。前者主要是指在宗教信仰等终极关怀领域所秉持的价值观念，后者是在世俗生活领域基于传统所产生的习俗观念。超越层面的观念更关注人生意义等终极性的议题，而世俗层面的观念更多针对的是人们衣食住行等现实性的议题。一定的制度安排总是一定观念的体现，观念系统负责为具体的制度安排提供正当性和合理性的论证。制度安排在深层次上受到人们所秉持理念的根本影响，尤其是那些超越层面的终极价值观念，尽管在表面上似乎很难看到它们对现实的具体制度发生直接的作用，但却在历史长河中从根本上推动了这些制度的演进。[①] 举例来说，中国传统“修身、齐家、治国、平天下”的价值体系，以及所衍生的“家国同构”“忠孝一体”的观念，对中国的中央集权体制的建立和维持有着重要作用。

本书为了行文的方便，主要是从“政治环境—经济环境—文化环境”和“宏观环境—物质技术条件—思想观念”这两个维度分析当代中国的制度环境。

第二节　当代中国行政环境概述

一、基本国情

中国是一个幅员辽阔、人口众多、各地政治经济文化发展不平衡的多民族国家，从地域规模看，我国现有国土面积 960 万平方公里，占世界土地面积的 7.2%。从人口总量看，“中国社会是世界上独一无二的最大型社会，主要表现为其最大数量的人口规模上”。2011 年，在中国大陆上居住着 13 亿人口(不包括香港特别行政区、澳门特别行政区和台湾省)，约占世界总人口的 19%。中国每平方公里平均人口密度为 130 人，且分布很不均衡：东部沿海地区人口密集，每平方公里超过 400 人；中部地区每平方公里为 200 多人；而西部高原地区人口稀少，每平方公里不足 10 人。

① 宣晓伟：《中央地方关系的制度安排：环境、观念和器物》，《中国发展观察》2014 年第 11 期。

黑河—腾冲线为中国人口地理分界线。我国幅员辽阔,各地区的资源禀赋不一,经济发展基础存在差异,各个省份的经济发展水平不一。对此,胡鞍钢有"一个中国两种制度、四个世界和四种社会"的概括。"两种制度",指城乡居民的两种身份制度、教育制度、就业制度、公共服务制度和财政转移制度。"四个世界",指中国发展不平衡性在各个地区中的反映,包括大约占中国人口总量 2.2%的上海、北京、深圳组成的"第一世界";大约占人口总量 22%的天津、广东、浙江、江苏等沿海地区构成的"第二世界";大约占人口总量 26%的相当于世界中下等收入水平的地区构成的"第三世界";以及约占全国人口总量一半的中西部贫困地区组成的"第四世界"。"四种社会",即包括占全国总就业人数 50%的农业劳动力构成的农业社会;占全国总就业人数 23%的工业社会;就业比重为 22%的服务业社会;占全国总就业人数 5%的知识社会。①

由于中国"超大性"的国情,如何正确处理中央与地方的关系,如何按地区划分居民,建立行政区域,如何分层设立国家机构,以及如何进行中央与地方的分权等一系列问题乃是十分复杂而又至关重要的基本问题。

二、当代中国制度创设的指导思想、基本原则及其主要特点

1. 统一的多民族国家

我国现行宪法规定:"中华人民共和国是全国各族人民共同缔造的统一的多民族国家。"这一规定表明,单一制是我国的国家结构形式。究其原因,是由于我国民族融合的程度、范围、结果,以及统一的中华民族的共同认识所促成的。第一,渴望国家和民族统一的共同的民族心理。早在夏商时期,中国古人就在思想上形成了统一华夏的传统。自秦汉以来,我国一直实行中央集权的制度,各民族、各地区处在统一的国家,形成中央集权的完整的统一国家。历史证明,只有统一才能带来各民族的团结繁荣和发展。而一旦国家处于分裂或者纷争之中,不论统治者、思想家还是老百姓,不论是何目的,都渴望统一国家。单一统一的国家形式已经在人们心中扎根。第二,我国民族关系的现实的需要。我国各民族分布呈现"大分散、小集中、大杂居、小聚居"的特点;在各民族的人口分布上,汉族

① 胡鞍钢:《中国战略构想》,浙江人民出版社 2002 年版,前言。

人口占绝大多数，汉族不仅遍布全国各个地区，在民族自治地区汉族居民还占多数；各民族关系的历史发展形成的各民族之间的友好合作关系，经济上的相互依存，政治上的相互渗透，文化上的相互吸收，语言、习俗等诸多社会生活方面的相互学习和借鉴；我国自然资源分布和经济发展不平衡的状况；在对外国侵略者的斗争中各民族团结一致，前仆后继；我国所处的国际环境和国际斗争形势，即各民族所处的外部环境；等等。这些因素都决定了只有实行单一制下的民族区域自治，才能巩固和发展民族关系，才能保证各少数民族的自治权利，才能保持国家领土完整和主权统一。近现代革命的历程为我国各民族人民建立统一的国家政权创造了新的历史基础和条件。新中国成立后，国家政权建设与计划经济的推行是同一过程，其相互作用客观上进一步巩固了统一的多民族国家。第三，单一制是中华民族走向富强的必由之路的共同认识。中国作为后发外生型国家，必须采取“国家主导型现代化”模式，需要国家有较强的集中和汲取资源的能力、整合能力和进行战略规划的能力，动员各方力量、集中全部的社会资源为一个确定的目标而行动。第四，意识形态的内在要求。新中国是在中国共产党领导下建立的，党对国家政权的掌握、党对军队的领导等都是历史发展的必然结果，党的工作方式和党的组织体制、组织原则等决定了应该采取单一制国家结构形式。同样，马克思主义在国家结构形式上，原则上主张单一制，反对联邦制，因为单一制有利于促进生产力的发展，有利于推动统治阶级的团结和联合，有利于提高公民的政治觉悟。总而言之，我国的单一制国家政体有着长久的历史传统，它是我国的经济基础、生产方式、社会意识形态、民族关系发展、近现代革命历程，以及地缘等因素综合作用的结果，是历史的发展给我们创造的基础和条件，是势之使然、势所必然。① 对维系国家的统一、中央的政令畅通和一个安定团结的政治局面发挥着重大作用。

2.中国共产党的核心领导地位

中国共产党的性质，以及中国革命历史和现实国情，决定了必须坚持中国共产党的领导。中国共产党自诞生伊始，就与“旧国家”处于完全“异己”的状态，其历史使命是组织、动员和依靠社会力量，打碎旧的国家机

---

① 张庆福主编：《宪法学基本理论》，社会科学文献出版社 1999 年版，第 395—423 页。

器,建立新的国家政权。中国共产党是先建立根据地,再逐步扩大的,在局部的控制范围,中国共产党就已经预设了当代中国的基本政治框架、政治运作方式。如党对国家和社会事务的一元化领导,军事化、半军事化的行政方式,党对军队的绝对领导,党政高度一体、互为表里,等等。坚持中国共产党的领导,是《中国人民政治协商会议共同纲领》及其之后制定的《中华人民共和国宪法》的原则规定。在当代中国,中国共产党是领导型的执政党,即它作为完整、系统、独立的政治组织,领导包括政府在内的一切社会组织乃至整个社会的全部事务。党的领导可归结为政治领导、组织领导和思想领导。政治领导首先是中共中央制定一个时期的总方针、总路线或某一方面的方针、路线。其次是决定重大的计划等。再是研究决定重要事件和问题等。组织领导是指向国家权力机关推荐领导人,并发挥党员模范带头作用,保证党的路线、方针、政策的落实。思想领导是指意识形态的领导权,用马克思主义来指导人们的社会实践活动。

3. 人民民主专政的国体

"国家"是政治学研究中的一个核心内容。马克思主义国家学说,科学地解释了国家的产生和发展的历史、国家的本质及其作用。马克思主义认为,无产阶级通过暴力革命夺取政权之后,需要通过无产阶级专政,消灭现存的阶级压迫和阶级统治的基础,逐步向共产主义社会过渡。毛泽东接受了马列主义的国家学说和无产阶级专政学说,并且根据中国革命的具体实际,创造性地用"人民民主专政"一词代替经典作家的"无产阶级专政"一词,扩大了民主的范围。他指出,由于"帝国主义还存在,国内反动派还存在,国内阶级还存在"①,无产阶级和广大人民群众当家做主的新政权,必须运用人民民主专政的国家机器、阶级工具,对那些敌对分子、敌对势力进行专政和保卫社会主义国家。也只有运用人民民主专政坚决地打击敌人的破坏和反抗,才能真正维护人民民主专政。毛泽东深刻地指出:"总结我们的经验,集中到一点,就是工人阶级(经过共产党)领导的以工农联盟为基础的人民民主专政。""这就是我们的公式,这就是我们的主要经验,这就是我们的主要纲领。"②人民民主专政成为中华人民共和国

---

① 《毛泽东选集》第 4 卷,人民出版社 1991 年版,第 1475—1476 页。

② 《毛泽东选集》第 4 卷,人民出版社 1991 年版,第 1480 页。

的国体，被《中国人民政治协商会议共同纲领》和《中华人民共和国宪法》以国家根本大法的形式确定下来。

4. 民主集中制原则与方法

对于无产阶级政党来说，民主集中制既是党的根本组织原则，也是群众路线在党的生活中的具体运用。民主集中制是在民主基础上的集中和集中指导下的民主相结合的制度。在程序上，首先是围绕共同的目标，使各方面的意见得以充分发表，把人民群众中正确的意见集中起来，然后对其中科学的、符合实际的东西，通过集中形成统一的意志，作为共同的行动准则，再由人民群众付诸实践。在这个过程中，按照“少数服从多数，下级服从上级，个人服从组织，全党服从中央”的原则，处理不同意见和矛盾。新中国成立后，毛泽东把民主集中制原则贯彻到我国政治体制的方方面面，并成为一种政治作风和工作作风，渗透到我国政治生活的各个领域。主要体现在：第一，中共的根本组织制度——个人服从组织，少数服从多数，地方服从中央，下级服从上级。[①] 第二，国家的最根本政治制度——人民代表大会制度。国家机关与人民的关系是民主集中制，全国人民代表大会和地方各级人民代表大会都由民主选举产生，对人民负责，受人民的监督。同样，在人民代表机关与其他国家机关关系上也是民主集中制的体现，国家行政机关、审判机关、检察机关都由人民代表大会产生，对它负责，受它监督。第三，在中央和地方国家机构职权划分上，遵循在中央的统一领导下，充分发挥地方的主动性、积极性的原则。第四，具体的决策机制诸如行政首长负责制、领导核心制度、党的领导小组制度，都是按照民主集中制制定的。

5. “干的都是社会主义而不是其他什么主义”

这里所讲的社会主义，是指由无产阶级革命导师马克思和恩格斯于19世纪40年代共同创立的，并且依据不同的民族形式和时代条件，而由后继者不断增添新内容的科学社会主义。以唯物史观和剩余价值学说为基础，马克思和恩格斯揭示了私有制是一切剥削制度的根源，他们提出，取代必然要灭亡的资本主义私有制的未来社会即社会主义社会，是革命

① 杨光斌、李月军：《当代中国政治制度导论》，中国人民大学出版社2007年版，第40—41页。

性地扬弃了资本主义生产方式的崭新社会，其根本特征是消灭私有制，克服了社会生产无政府状态，实行按劳分配，广大劳动人民摆脱了异化劳动中的被剥削的地位，真正实现了自由和平等权利。新中国的历史，就是科学社会主义在中国的运用和发展的历史。无论是改革开放前还是改革开放后，尽管我们党进行的社会主义建设的工作内容不尽相同，但都坚持着科学社会主义原则的质的规定性：第一，社会主义革命的目的是解放生产力。社会主义首先要摆脱贫穷落后状态，体现出优于资本主义的速度和效率。第二，以公有制为主体。以公有制为主体是保证人民民主政权性质的经济制度基石，有利于保障和扩大广大公民的政治权利，有利于社会政治稳定，可以限制私人垄断，促进资源的合理开发和可持续利用，有利于搞好宏观调控，主导经济发展，实现国家经济发展战略。第三，以按劳分配为主要分配方式，消灭剥削，消除两极分化，使人民不断增长的物质文化生活需要能够逐步得到满足，实现国家富强和人民共同富裕。第四，社会主义社会是以工人阶级为领导阶级的广大劳动群众当家做主的社会，最大限度地保证社会绝大多数成员的自由和平等权利。第五，思想文化上确立马克思主义的指导地位。

6.我国政治生活中必须遵循的基本原则

为了帮助广大人民在我国的政治生活中判断人们的言论和行为是否正确，毛泽东在《关于正确处理人民内部矛盾的问题》一文修订稿中，提出了以下六条政治标准：有利于团结全国各族人民；有利于社会主义改造和社会主义建设；有利于巩固人民民主专政；有利于巩固民主集中制；有利于巩固共产党的领导；有利于社会主义的国际团结和全世界爱好和平人民的国际团结。毛泽东特别强调："这六条标准中，最重要的是社会主义道路和党的领导两条。"①这六条政治标准实际上就是新中国政治生活必须遵循的基本准则和"政治底线"。改革开放时期，邓小平旗帜鲜明地坚持这六条政治标准，进而提出"四项基本原则"。强调四项基本原则是各项政策的基础，如果削弱或动摇了这个基础，就会从根本上动摇和危害我们党必须坚持的正确方向。强调整个改革开放过程中，都必须旗帜鲜明

① 逄先知、金冲及主编：《毛泽东传(1949—1976)》(上卷)，中央文献出版社2003年版，第699—700页。

地坚持四项基本原则，切实保证改革开放和现代化建设的社会主义方向。

7. 依法治国

历史是最好的老师。历史的经验和教训使我们党深刻认识到，法治是治国理政不可或缺的重要方式。改革开放以后，邓小平同志深刻指出，为了保障人民民主，必须加强法治，必须使民主制度化、法律化，使这种制度和法律不因领导人的改变而改变，不因领导人的看法和注意力的改变而改变。党的十五大提出“依法治国，建设社会主义法治国家”的治国方针。1999 年第九届全国人大第二次会议将“依法治国”写入宪法。党的十七大报告进一步强调，全面落实依法治国基本方略，加快建设社会主义法治国家。党的十八大以来，我国法治建设正以前所未有的速度加快推进。

法治首先意味着健全的法制和严格依法办事，但法治的实质意义，是宪法和法律成为公共生活的最高权威。任何个人和任何组织都必须在宪法和法律的范围内活动，必须服从法律的权威，在法律面前人人平等。实行法治就是要否定人治，把权力关进制度和法律的笼子里；就是要保障人权，维护人民的安全、自由、尊严和幸福。实行依法治国，对执政党本身而言，最根本的就是要提高治国理政的法治化水平。把党的领导、人民民主、依法治国统一起来，用法律手段实现和保证党的领导、人民民主，这是国家长治久安和巩固党的执政地位的重要保障。党的方针、政策是立法的依据和执法、司法的重要指导，同法律在本质上是一致的。党领导人民执行宪法和法律，党自身必须在宪法和法律范围内活动，真正做到党领导立法、保证执法、支持司法、带头守法。坚持党的领导决不意味着党可以拥有凌驾宪法法律之上或游离宪法法律之外的特权。

三、基本政治制度规范

1. 实现党的核心领导地位的制度安排

实现中国共产党领导的制度形式主要如下：

第一，中国共产党在各级政府外设立独立存在的完整的组织体系，对政府的大政方针、政策、路线具有独立的决策作用，从而实现对国家机关的领导作用。在当代中国，除中共中央外，中国共产党基本上按照行政区划在乡以上各级建立其地方组织：省委、市委、地委、县委、乡党委等，在城市街道居民委员会和农村行政村中也设立中共委员会或支部委员会，通过这一组织系统实现对政府工作和全社会的领导。这样，中国共产党的政治领导与各级、各类国家机关的行政性职能互为表里，其组织机构设置与各级政权机关的设置基本对应。国家政权体系外的党组织和国家政权体系内的党组织紧密结合，国家政权体系内的党组织服从国家政权体系外的党组织，由此进行双重领导，使党成为国家权力的核心。

第二，中共在国家机关内设立专门组织，发挥领导核心作用。中共在政府及其工作部门、人大常委会及其工作部门、政协常委会及其工作部门、各司法部门、各人民团体、由政府管理的金融机构和专业性公司、全国性文化单位等，均设立中共党组，由党组在该部门起核心领导作用。“党组”是设置“党组”的部门、组织中的中共领导机构，是该部门、组织中的核心领导层。因为《中国共产党党章》明确规定，这些职能部门的党组，“必须服从批准它成立的党的委员会领导”。总之，公权力高度集中在同级党委手中，党通过网络化的组织体系渗透到政府、权力机关（人大）、司法机关、审判机关和社会团体中，通过党的组织原则和组织网络，迅速贯彻党的决定、政策、方针和路线。这种领导，用毛泽东的话描述就是：大权独揽、小权分散。党委决定、各方去办。办也有决，不离原则。工作检查，党委有责。①

第三，中共党内固定部门，都有各自特定的国家事务的管理职责和权限。其本身还担负着对一些重大问题的直接处理和管理的职责。如党的书记或副书记负责地方公共事务中某一个方面的领导。党的组织、宣传、安全和统战部门更是直接参与了对公共事务的管理。“党管干部（即国家工作人员），是党和国家干部人事管理体制、管理制度的根本原则。”党的组织系统在官员选择和管理中处于核心地位，凡对干部的管理及与此相关的事务，均由而且必须由中国共产党各级委员会执掌，任何其他组织均无管理干部之权力。“党管干部”从总体上体现了“管人”与“管事”相结合。有关党委、行政机关干部的调动、提拔、审查和问题干部的处理，都由党委集体讨论决定，并按干部管理权限由主管党组织批准。

第四，中国共产党是工人阶级先锋队，担任国家机关公职人员的基本

① 中共中央文献研究室编：《毛泽东文集》(第 7 卷)，人民出版社 1999 年版，第 355 页。

上是中共党员，中共的组织成员构成了中国国家公权力的主体人员，这一事实也使得中共在国家机关中发挥着决定性的影响。特别是许多党的机构与国家机关合署办公，高级官员交互兼职。例如，中共中央军事委员会与中华人民共和国中央军事委员会合署办公。党的各级纪律检查委员会与政府隶属的监察机关合署办公。此外，从中央到地方各级党政机关乃至国有企业、事业单位、人民团体，党的负责人与政府等的管理者交互兼职，已成通例。

第五，中国共产党领导下的政治协商和多党合作制度。中国共产党与各民主党派是一种“长期共存，互相监督”的关系，在中国共产党领导下，通过中国人民政治协商会议的组织形式，经常性地就国家的大政方针进行民主协商。政协制度给各政党、各人民团体、各少数民族和社会各界以充分参政议政的机会，保证他们的民主权利，同时又可以监督共产党以改进党的领导。

2.党的领导制度深刻作用于我国纵向政府间的关系

在当代中国，党政关系作为我国政治生活最核心的变量，直接影响甚至决定我国中央与地方间的权能配置。在我国中央（地方）政府体制及其公共决策制定和执行过程中，实际上形成了以党为核心的党政二元权能结构。以党为核心，中央政府的集权，也就发展为党中央的集权。在这样的格局下，代表从中央到地方各级政府的，主要不是政府本身，而是党中央和各级党委。结果，各级、各地政府间的关系转变为党的组织体系内关系，政府间的关系也逐渐由党的组织原则来替代。①

第一，地方政府受上级和同级党委领导，政府也通过党内系统贯彻自己的决定。党政交错，权力交叉。

第二，党的科层结构与政府科层结构高度合一。我国是一个中央集权的单一制国家，总体上实行中央、省、市、县、乡五级政权管理体制。

第三，中国共产党的组织原则是民主集中制，即“个人服从组织，少数服从多数，下级服从上级，全党服从中央”。下级党组织要向上级党组织请示和汇报工作；后两句话就是指中国共产党组织内部上下级和地方组织与中共中央的关系。从这个意义上讲，中华人民共和国是垂直的管理

① 林尚立：《国内政府间关系》，浙江人民出版社 1998 年版，第 302—303 页。

体制，中国共产党上下级组织间的领导与被领导关系、中共中央对全党的领导地位就是这种垂直管理体制的根本所在。

第四，中央对地方的控制主要是建立在“党管干部”的基础之上，即中央通过各级党委、党组控制各级各类干部，形成一个层层控制、巨细无遗的干部人事控制网。1984年，我国开始采用分级管理、层层负责的办法，选拔出党政机关“下管一级”机构中担任主要领导职务的干部。“下管一级”意味着凡是下一级干部的考察、考核、培养、教育、提拔、任免、审查等均由上一级党委直接管理。在党政管理层次上，中共中央一般只管理省、部级干部。社会知名人士、各领域（如文学、艺术、科技、教育、新闻、出版等）的著名专家、学者，则根据其知名度和影响大小，分别划归中共中央和省级党委及其管理干部的部门管理。

3.人民代表大会制度

毛泽东继承了马克思主义经典作家关于代议制的思想，在总结革命时期根据地政权建设的基础上，按照民主集中制的原则，确立了具有中国特色的代议制——人民代表大会制度。人大会议通过人民的二次授权实现了对国家政治生活的参与管理。第一次是人民按照宪法与选举法的规定选举人民代表，组成议行合一的代表机关，行使国家权力。第二次是由人民代表授权给政府和法院、检察院，并通过他们的工作来实现权力的运用。人民代表大会的地位和职权充分体现了人民的意志至高无上的原则，为我国人民当家做主找到了最好的政权组织形式，从而成为当代中国最根本的政治制度。人大是中国民意的代议机关，而向本级人大负责是中国地方政府基本的政治责任。在法律规范上，人代会是唯一的国家权力机关，各政党和社会团体必须遵守宪法和法律，遵守人代会的意志。在实际政治过程中，“各级人大及其常委会要自觉接受同级党委的领导”，党的意志通过人大变成法律。人大党组要向党请示汇报，党对人大的人事任免权起决定作用。“选举人大代表和常委会组成人员及其领导人员时，其候选人主要由党组织推荐提出；由人大及其常委会选举、任命的其他国家机关领导人及其组成人员的候选人，也要由党组织做出安排。”

4.单一制的国家结构

新中国成立前后,毛泽东等人在处理国家结构形式的问题上,通过对中国历史和国情的深刻分析,没有采用苏联的"联邦"制模式,而是创设了统一的国家结构形式和单一制国家内实行民族区域自治制度。我国是由若干个行政区域组成的统一的主权国家,实行单一制的国家结构形式。政治统一、军事统一、经济统一、货币统一。各地方都是中华人民共和国不可分离的组成部分,各地方政府都在中央政权的统一领导下行使其职权。从法律体系看,我国只有一部宪法;从公民的国籍来看,公民只有一种国籍;从对外关系看,在国际上,代表中国的只能是中华人民共和国;从国家机构的组成看,全国只有一个制定法律的机关——全国人民代表大会及其常务委员会;只有一个中央人民政府——国务院;从中央与地方的权力划分看,中央政府拥有行政集权的强大优势,其治理方式集中表现为单向的自上而下的命令式治理,即由中央政府这个拥有最高权力的权威来制定相关制度,并通过自上而下的行政权力链条传输和落实制度。各省、自治区、直辖市、特别行政区都是中华人民共和国不可分割的组成部分,最高一级地方政府(省级)行政长官由中央政府选拔并任命。

单一制国家地方政府的权力本质上来源于中央政府的授权,因此中央政府就有权力对地方政府进行必要的行政约束和干预,甚至存在收回授权的可能。在当代中国公共事务管理权力的划分中,中央政府居于绝对的核心地位,其权力是广泛的,既派生出地方政府几乎所有的权限,又对地方保留了充分的控制权。中央政府通过对"块块"的直接领导及中央部委的"条条"的领导,对地方工作部门实施双重领导。总之,在当代中国,直接的行政监督仍然是中央政府对地方政府实施政治控制的基本形式。行政监督最常用的手段是对地方政府领导人直接和间接的任命以及监督。中央政府不仅在事实上可以直接任命省级地方政府的主要负责人,而且地方组织法中明确规定下级政府必须执行上级政府的行政命令。

四、当代中国的基本经济制度

由于生产资料所有制形式反映着国家制度的本质特征,制约着社会经济制度的其他方面,并进而决定着国家政权的阶级本质,因而是国家经济制度的基础。因此,不同性质的国家,其生产资料所有制形式也不同。

我国要坚持社会主义道路，就必须坚持生产资料公有制的经济基础。党的十五大把公有制为主体，多种所有制经济共同发展的制度确立为社会主义初级阶段的基本经济制度。党的十六大在强调要坚持和完善这一基本经济制度的同时，提出了两个“毫不动摇”，一个“统一”，进一步推动各种所有制经济在市场竞争中发挥各自优势，相互促进，共同发展。确立这一基本经济制度的决定因素是社会主义性质和初级阶段国情。这一基本经济制度，既能适应市场经济的要求，又有利于克服市场经济的负效应；既符合社会主义的价值取向，又具有立足国情的现实基础，因而是价值理性与制度理性的辩证统一。

我国强调保持公有制主体地位，主要的指导思想是：公有资产应在社会总资产中占优势；对自然资源类生产资料必须实行公有制；公有制应在基础产业占支配地位；公有经济应在主导产业和其他重要行业占支配地位；公有制应在多层次的动态的所有制结构中保持主体地位。我国社会主义经济制度的基础是公有制。国民经济的主导力量是国有经济。国有经济控制国民经济命脉，对经济发展起主导作用，这种主导作用主要体现在控制力上，即体现在控制国民经济发展方向、控制经济运行的整体态势、控制重要稀缺资源的能力上。对关系国民经济命脉的重点行业和关键领域，国有经济必须占支配地位，从而体现国有经济的“关键性作用”。集体经济是公有制经济的重要组成部分，体现着共同富裕原则。坚持和完善基本经济制度，必须构建起支撑基本经济制度的制度结构体系。现阶段支撑我国基本经济制度的主要经济制度及其体系包括自然资源和环境产权制度、国有企业制度、农村土地产权制度、按劳分配为主体的基本分配制度、生产经营消费制度，以及允许一部分地区一部分人先富起来，带动和帮助后富，逐步走向共同富裕，保证人民共享经济繁荣成果的原则要求。

我国非公有制经济包括个体经济、私营经济、外资经济等。非公有制经济是社会主义市场经济的重要组成部分。改革开放以来，我国非公有制经济取得了较快发展，为我国的民营经济发展和制度环境改善都做出了重要贡献。我国非公有制经济发展速度远远高于国有经济部门，已经在越来越多的行业中占了主要位置。非公有制经济几乎完全是市场导向，非公有制经济的发展有力地推动了市场化进程和市场制度环境的完善。非公有制企业已经成为我国经济增长重要的力量，非公有制经济占GDP的比重目前已超过1/3，非公有制经济投资已占到全社会固定资产投资比重的50%，非公有制经济已成为解决就业的主渠道，在我国对外贸易中也发挥着越来越重要的作用。然而，目前我国非公有制经济发展环境也存在很多问题，主要表现是市场准入仍然存在对非公有资本歧视性政策和“玻璃门”现象，信贷资金等生产要素的资源配置存在对民营企业的歧视和“天花板”现象，私有产权的保护制度和法律环境亟待进一步落实和完善。

建设有中国特色社会主义的经济，就是在社会主义条件下发展市场经济，不断解放和发展生产力。坚持和完善社会主义市场经济体制，使市场在国家宏观调控下对资源配置起决定性作用。改革开放以来，我国产品市场建设取得了巨大发展。多元化市场竞争格局已经形成，市场的监管体系和法律制度逐步完善，市场总量和产品的商品化率明显提高，国内市场规模和市场需求持续扩大。与此同时，我国市场发展目前也存在不少问题。全国统一市场仍未完全形成，地区封锁、市场分割的现象依然存在问题。同时产品市场法律体系不健全，信用体系尚待建立，交易行为不规范，交易成本高。我国要素市场的市场化程度还不够，各类生产要素和资源价格形成机制需要进一步完善，各类市场主体平等使用生产要素的公平市场环境并未形成，市场中介组织发育滞后，中介组织的服务功能不完善，不能适应市场经济体制的要求。

政府和市场之间的关系是所有经济制度的核心问题。在现代市场经济条件下，企业是市场经济的主体，是社会物质财富的创造者，它遵循市场法则运行，在市场竞争中获取自己的经济利益，维持其生存发展。市场经济条件下的政府获取经济组织创造的经济剩余的途径只能通过为企业的发展创造良好的环境条件，包括规范市场秩序、提供基础设施等，而不能直接插手企业的事务。另外，随着经济的发展，经济环境还要求政府承接起与市场经济要求相适应的大量新职能，如支持开发可再生资源、环境保护等。市场经济会加速利益群体的分化，导致多元利益主体的形成。政府在社会利益分配中承担的重要职责，是依法实现价值的权威性分配，使社会利益在不同的利益主体之间保持相对的平衡，而这种平衡，是社会良性发展的重要条件。

当今世界范围内的贸易往来、资金融通和技术转移的规模日益扩大，新技术革命正在世界范围内兴起，要把自身经济发展同对外经济技术革命交往活动的扩展密切联系起来，坚持和完善对外开放，积极参与国际经济合作和竞争。改革开放以来，我国坚持对外开放的基本国策，把“引进来”和“走出去”更好地结合起来，扩大开放领域，优化开放结构，提高开放质量，完善内外联动、互利共赢、安全高效的开放型经济体系，形成经济全球化条件下参与国际经济合作和竞争的新优势，初步建立起开放型经济的体制框架。

中国目前在由计划体制向市场体制转变，中国经济体制核心问题还是政府职能定位问题：一是政府职能“越位”。目前我国还处于经济转型时期，政府常常对经济资源的配置实施很强的控制，虽然计划手段基本被取消了，但政府对重要的经济资源（如资金、土地和产业政策）的支配力和影响力仍然巨大。对资源的直接配置过多，不合理干预太多，当下的产能过剩、耕地占用过多、地方债风险，很大程度上都与政府干预多有关。一些行业管理组织依附于行政主管机关，还带有相当程度的行政色彩而且活力不足。二是政府缺位。有些问题不是由于政府越位，而是远没有到位；不是干预太多，而是干预太少。在加强监管规范市场、健全法律法规体系、政府价格管理体制的改革、垄断行业生产要素的市场价格形成机制等职能方面还明显欠缺。鉴于此，中共十八届三中全会将市场在资源配置中的功能定调由“基础性作用”提升为“决定性作用”。全会清晰界定了政府职能和作用，概括为五项职能，即宏观调控、市场监管、公共服务、社会管理、保护环境。

第三节　当代中国央地政府间关系的基本规范

一、地方政府的内涵和特征

国家产生后，当人口与疆域超过一定规模，需要分级管理，就促使了地方政府的产生。从规范的角度看，地方政府具有以下基本性质：

第一，权力的非主权性。在单一制国家里，由代表国家的中央政府代表国家行使主权。所谓主权，指的是一个国家独立自主处理自己内外事务、管理自己国家的最高权力。简言之，主权即为“自主自决”的最高权威。主权是国家区别于其他社会集团的特殊属性,是国家的固有权力。地方政府是由中央政府依法设置的,地方政府的权限是由中央政府依法授予的,地方政府实现其权限的权力,同样也是由中央政府依法授予的。相应地,对于中央政府授予权限的范围,以及权限范围的变动,地方政府不拥有决定权。这是地方政府最根本的特性。我国一般性地方政府并不拥有最高、最终的决定权自不待言,即便是香港特别行政区,它的政府的设置,也是由全国人民代表大会决定的,它的权限和行使权力的依据,来自全国人大通过的《香港特别行政区基本法》,对于这一基本法的任何修改,都取决于全国人大。香港特别行政区政府对此没有最高、最终决定权。因此,香港特别行政区政府只是中国的一个拥有高度自治权的地方政府。

第二,治理的局部性。地方政府的局部性是相对于中央政府而言的,具体表现在两个方面:一是表现在其治理的地域范围上的局部。二是表现在它承担的治理职责上的局部。地方政府权限的行使是以它治理范围为限的,受法律和中央政府权力的限制;从职权上讲,与地方公众利益相关,如水电、街市、医院等;不涉及国家整体利益和全国公众利益,如国防、外交、军事等。

第三,角色的双重性。地方政府的地位和性质决定了地方政府具有执行性职能和领导性职能。其一是执行中央政府的政策指令。中央政府活动的间接性决定了地方政府必定会成为联系中央政府与民众的桥梁。地方政府在履行职责的过程中,通过自身的活动,为当地社会的持续发展创造有利的环境和条件,从而推动整个社会的进步。其二是地方政府对其辖区内的所谓行政进行管理、领导与指导、协调。政府是公共物品的主要提供者,地方政府的职责就是对辖区社会实施公共管理。就经济层面来说,地方政府是区域经济的组织者、调控者和服务者,承担着推动本地经济发展的重要职责。在我国,地方政府具有明显的双重隶属关系:一方面从属于中央政府,另一方面隶属于同级的权力机关。

中央政府与地方政府是整体与局部、相辅相成的关系,处理好中央与地方的关系,协调好整体利益与局部利益,直接影响到统治阶级的统治地位,意义极为重大。地方政府的存在是不可取代的。首先,地方政府是实现国家政治统治的基石,地方政府是沟通联络中央政府与民众的渠道。

地方政府有效的地方治理,是中央政府进行活动的良好基础。在现代社会,地方政府作为实现民主政治的基础,发挥着推进社会发展进步的作用。其次,由于情况的复杂多样和瞬息万变,中央政府只能在宏观上和发展趋势上规划全国经济的整体运行,只有地方政府才能结合本地实际,发挥地方优势。相对于中央政府,地方政府能够更有效地了解和把握本地民众的实际需求和具体偏好,从而比中央政府更能有效地提供地方公共物品。西方经济学研究表明,由于地方政府更接近于本地居民,比中央政府更了解辖区居民的效用和需求。蒂博特(C. M. Tiebout)的"用脚投票"理论、斯蒂格勒(George Stigler)的最优分权理论、奥茨(Wallace E. Oates)的分权理论,以及特里希(Richard W. Tresch)的偏好误识理论,都指出由地方政府提供地方性公共产品优于由中央政府提供。

二、当代中国政府的层级结构

层级结构是指各地方政府单位在纵向上分为若干层次,并依上下隶属关系组合而形成的结构。一般而言,可分为中央政府、最高层地方政府、中层地方政府和基层地方政府四个层级。一个国家地方政府层级结构的形成,取决于一系列复杂的因素。人口数量、地域面积、民族差别、历史沿革、社会发展水平、有效管理的幅度、国家的行政体制与政治体制等权力体制安排等,都是影响政府层级结构的内在因子。

1. 最高层地方政府的设置

最高层地方政府并不直接面向居民,而是与中央政府直接发生关系,具有较多的政治性质。在单一制国家,最高层地方政府是由中央政府直接领导和控制的政府,国家设置最高层地方政府,主要是从政治需要出发。一方面因为管理的需要而不得不赋予其较多的职责和权限,另一方面又不得不采取严格的控制措施,以防地方分裂主义倾向。从职能结构来讲,最高层地方政府所承担的职能,除外交、国防和少数重大职能外,几乎与中央政府的职能设置基本相同,行政部门设置也就大致相同。最高层地方政府具有明显的承上启下作用和宏观管理作用。从管理方式看,主要通过间接管理方式来履行职能,即通过对下级政府的指挥、监督、指导,完成辖区事务的各项管理。

2.基层地方政府的设置

基层地方政府能最直接地面向地方居民，其主要对象是本地居民和本地公共事务，其主要职责是从事直接的管理和服务，维护本区域的社会秩序和公共安全，促进和保障当地社会经济文化的发展。基层地方政府承担的政治职能相对最少，却呈现出较多的治理和服务的特性，与当地居民的日常生活最为密切。

3.中层单位则正好介于两者之间

从功能类型看，中层单位中的一般地域型政府单位的设置，主要是基于行政上的考虑，而不是直接出于政治上的需要。与其相关的地理形势、历史背景等因素所带来的影响，也主要表现在行政管理上。与之不同，中层单位中的民族区域政府单位的设置，则主要基于政治上的考虑。①

从总体上看，我国地方政府的层级有一级、两级、三级和四级制。

一级制主要是指港澳地区的政府建制，特别区政府下没有设立政府单位。

两级制是指京津沪等直辖市的市区，直辖市政府—市辖区政府。因为直辖市政府的区下设的街道办事处是派出机构，不是一级政府。

三级制：直辖市政府—郊区政府—乡镇政府；直辖市政府—县政府—乡政府；省(自治区)政府—地级市政府—市辖区政府。四级制：省政府—地级市政府(自治州政府)—县政府—乡(镇)政府。五级制：省—自治州—行署—县—乡(仅存在于新疆的伊犁自治州)。这其中较为广泛存在的层级是省(自治区、直辖市)—设区的地级市(自治州)—县(自治县、县级市)—乡(民族乡、镇)。

三、中国地方政府的类型②

地方政府的类型，从政府的功能性质的角度看，地方政府可以分为一般地域型地方政府、城市型地方政府、民族自治型地方政府和特殊型地方政府。

---

① 方雷：《地方政府学概论》，中国人民大学出版社2010年版，第55—56页。

② 本部分内容参考了方雷的《地方政府学概论》相关内容，特此致谢。

1.一般地域型地方政府

一般地域型地方政府是为了满足维护政治统治和社会管理这种一般性的共同要求，设置在普通地方、兼具农村地区和城镇地区的行政机关。在当代中国，一般地域型地方政府主要有省政府、县政府和乡政府。

①省政府。省政府是一种规模相当大的地域政治实体，其地域面积和人口同世界上一些中等规模国家不相上下；中国的省在政治结构中分担中央的部分功能，省政府是把中央政府的行政法规、行政措施转变为对辖区内的下级政府具体管理活动的行政机构。

②县政府。县级体制是中国最具传统的行政区划。当代中国的县级体制本质是与中国的农业社会性质联系在一起的。县的核心是农政，是农村经济、政治区域性中心。县经济活动的“自给自足”的程度较高，文化生活的区域性明显，人口分散，人口与干部的流动率低，行政管理的综合性强、独立性突出。

③乡政府。乡是国家结构的基层政府单位。镇“是工商业和手工业的集中地”。1984 年国务院批转民政部《关于调整建镇标准的报告》，规定了建镇标准。

2.特殊型地方政府

特殊型地方政府从其产生原因、设置目的及功能看，尽管从根本上讲是出于政治统治的需要，但从具体产生原因上讲，它又可分为两种情况，从而构成两个小类：第一种情况是直接基于维护政治统治的考虑而设置专门的地方政府单位，譬如设置在少数民族聚居地区的特殊型地方政府。当代中国所设置的各个民族自治区、民族自治州、民族自治县和民族自治乡(镇)便属于此类。第二种情况是直接基于行政管理的需要而专门设置的地方政府单位，例如中国历史上为突出首都、陪都政治地位而设置的政府。第三种情况是边境地区为巩固边防与内地统治而设的特殊型行政管理机构。例如中国古代设置边疆地区的军、军民卫所。现在的新疆建设兵团便是这一性质的管理机构。特殊型地方政府的设置具有必要性，尽管特殊型地方政府的数量较少，但这类地方政府历代都有，而且从世界范围看，几乎各国都有。

3.城市型地方政府

①直辖市政府：直辖市政府的行政地位相当于省，但省一般间接管埋

城市。作为具有特殊地位和意义的特大城市，直辖市直接承担城市管理的职责，所以，直辖市除了设置省的一般机构外，还必须设立市政建设和市政管理的工作部门。

②副省级市政府：由计划单列市演变而来。1993 年国务院先后共设立了 16 个计划单列市，分别是沈阳、长春、哈尔滨、南京、杭州、济南、武汉、广州、成都、西安 10 个省会城市，以及宁波、大连、厦门、青岛、深圳、重庆 6 个计划单列市。1994 年撤销 10 个省会城市的计划单列市地位。同年宣布 16 个市为副省级市。1997 年重庆升格为直辖市，现在的副省级城市有 15 个。

③省会城市：省政府所在地的市，与一般地级市的差别是它拥有地方立法权，可以制定地方政府规章。其市委书记、市长一般在省委、省政府中担任一定的职务。

④“较大的市”：唐山、大同、包头、大连、鞍山、抚顺、吉林、齐齐哈尔、无锡、淮南、青岛、洛阳、宁波、淄博、邯郸、本溪、徐州、苏州，是由国务院批准的。较大的市也是地级市，区别在于它有立法权，可以制定地方政府规章，自主管理自己的部分经济事务，可以根据需要设立一些管理机构。

⑤经济特区的市：实行特殊的经济政策和特殊的管理体制。

⑥地级市：由省、自治区政府的派出机关——地区行署演变而来。1982 年开始“市管县”的新体制。有三种演变形式：一是将地级市与地区合并，实行市领导县体制；二是将地区所在的县升格为地级市，管辖原地区所在的县；三是将新设的县升格为地级市。

⑦县级市和市辖区：中小城市组成，一般是由县属镇发展设立或撤县建市设立的，一般有较强的农业地区行政管理的色彩，但已经具备了城市的基本特征，发挥着推进周边农村地区向城镇化迈进的特殊作用。

第四节　中央政府对地方政府的控制

一、中国地方政府权力的渊源[①]

(1)来自全国人大及其常委会、地方各级人大及其常委会的立法授

① 参见沈荣华：《中国地方政府学》，社会科学文献出版社 2006 年版，第 51—53 页。

权,此项权力来自宪法,即源于国家权力机关的授权,因为授权是人民—国家授权,所以为根本授权。

(2)来自中央政府根据全国人大及其常委会的法律和有关决定所做出的行政授权,此项权力为政府系统内部依法授权或转授权。其授权的方式大抵如下:一是通过文件、命令、指示;二是通过中央政府行政首长向特定地方政府发出批示、重要讲话等形式。前者表现为规范性、稳定性和制度性,后者往往表现为即时性、即事性、灵活性和应急性。

(3)来自中央政府或上级政府的府际特别授权,中央政府无法面面俱到,有时需要发挥地方政府作用,就要进行府际授权,如中央下放权力以及中央政府对经济特区政府的特别授权,就是典型的府际间授权的外化形式。

(4)来自单项法律授权,譬如《中华人民共和国环境保护法》规定:县级以上的地方政府环境保护行政主管部门,对本辖区的环境保护工作实施统一监督管理;各级地方政府应对本辖区的环境质量负责。

(5)来自被授予的自由裁量权,地方行政机关依据法律、制度的规定,在行政活动中可以根据具体情况和自己的意志,自行判断并选择适当的行为方式解决问题的权力。为什么需要自由裁量权?其一,公共行政活动的复杂性、灵活性;其二,法律、制度本身的滞后性;其三,法律本身存在如何适用的问题。行政自由裁量权要合理、恰当。

二、层次节制

在我国,各级政府权力是按等级划分的,并呈现递减特征。各种按等级赋予权力的原则,意味着一种牢固而有程序的层级制度。为了让"势能"发挥作用,上级政府的各部门需要在下级政府中设置相应的对口机构,因此,各级政府具有很强的同构性。上级政府对下级政府的节制体现在用人权和用财权上。按照《中华人民共和国地方各级人民代表大会和地方各级人民政府组织法》规定:下一个层级的政府的机构设置和人员编制等要得到上一个层级的政府批准,这是上一个层级的政府控制下级政府的有力手段。同时,在上下级政府之间的财政关系上,通过财政的上缴、支付、转移,上级政府可以牢固地控制下级政府。

中央政府对地方政府的控制,是指中央政府对地方政府权限行使所实施的控制。中央控制的目的是确保国家的统一和维护中央政府的法定权威。按照我国宪法规定：中华人民共和国国务院，即中央人民政府，是最高国家权力的执行机关，是最高国家行政机关。这就是国务院的性质以及它在国家机构体系中的地位。国务院在科层结构中居于最高地位，它对地方政府的领导通过如下形式进行。

1. 立法控制

立法控制包括两个基本方面：第一，中央政府通过规范地方政府权限行使的各种法律，并且要求地方政府遵循。第二，中央政府监督地方政府的立法。

2. 行政控制

行政控制则是中央政府在地方政府活动过程中所进行的经常性控制，包括：第一，国务院领导全国地方各级行政机关，对省级政府的权限做了最明确的规定，并直接领导省级政府；第二，对国务院各部委的领导，通过各部委的派出机构实现对地方行政管理工作的领导。我国地方各级人民政府之间总体说来是一种行政隶属的上下级关系。地方各级政府服从国务院领导，对上一级国家行政机关负责并报告工作。各级地方人民政府要对上级人民政府负责。下级人民政府必须执行上级人民政府的决定和命令。

3. 财政控制

财政控制是指中央政府通过财政手段对地方政府施加的控制。财政乃是剥掉所有意识形态因素之后的国家本质。财政是现代政府权力的一个主要标志，是衡量国家能力强弱的一个最重要的标准。各国采用财政手段对地方实施控制的办法、内容并不一致，我国现行的财政分配制度是分税制。

在我国，上下级政府间的控制主要是通过“条条”和“块块”两个行政管理系统而实现的。所谓“条条”是指不同层级的地方政府之间上下贯通的职能部门或机构；“块块”指每一级政府内部按照管理内容划分的不同职能部门或机构。“条条”管理强调政令的上下一致和通畅，从而形成一个个相互平行的“条条”结构；“块块”管理强调的是一级政府的独立和完整，以及政府内部各部门间的协调与配合，从而形成一个互相连接的块状结构。地方性的职能部门或机构，根据要求，分为“条条”管理为主、“块块”管理为主和双重管理三种。“条条”管理为主是这些部门只是本系统上级部门的派出机构和分支机构，直接向上级主管部门负责，机构不列入地方本级政府工作序列，人、财、物都由中央业务主管部门直接管理。如监察、审计、国家安全、公安、统计、税务、烟草专卖、海关等。“块块”管理为主是本级政府领导为主，纳入地方政府工作序列，并受上级对口部门指导为辅，如民政、财政等。双重管理是由上下对口的部门组成的专业性“条条”和本级地方政府共同管理，如审计、监察等。

综上所述，我国政府间关系，必须首先坚持中央的集中统一领导。理由如下：从政治历史方面讲，包括东方大国的文明模式，大一统的政治文化传统，渴望统一的民族心理，人口、地域和民族聚居分布特点等。从国家性质和现实国情方面看，包括中华人民共和国的国体和政体，处于社会主义初级阶段的国情，中国共产党的领导核心地位，马克思主义的主流意识形态信仰，为人民服务的政府性质及其职能，国有经济作为国民经济的脊梁和我党执政的重要经济基础，等等。从具体的政治体制看，包括“单一制”的国家制度安排，政府条块管理体制，党政双头体制等。从管理原则方面看，则包括民主集中制原则，党管干部原则，中国共产党的组织原则等。此外，随着社会主义法治国家建设的不断推进，中国特色社会主义法律体系初步形成，这些都为政府行为划出了明确的边界。

第三章 转型期的政府行为的弹性空间

改革开放以来，我国在经济社会各领域进行了持续性的改革，这些改革有效推动了经济社会的快速发展，同时也使得我国经济社会的各领域发生了翻天覆地的变化。毋庸讳言，当下的中国社会处于一个急剧变迁的过程之中，中国社会最近 30 年来最突出、最核心的特征是转型。转型是一个重大的历史过程，涉及经济、社会、文化和政治诸领域的全面的结构性的调整，在经济体制上，它从计划经济体制向市场经济体制转变；在社会形态上，则发生着从传统社会向现代社会、从农业社会向工业社会、从封闭性社会结构向开放性社会结构的变迁和发展。

第一节 处于转型期的行政管理模式的变迁

一、"增量改革"的改革模式及其效应

改革开放以来，中国的改革模式被学界普遍概括为"增量改革"。所谓增量改革，是指在没有大规模地对旧体制机制进行改革的前提下，通过创造和发展新体制机制、开辟新领域的方式进行的改革模式，也就是说，增量改革是通过新旧两种体制机制并存的方式（即所谓的"双轨制"），通过新旧体制机制的此消彼长的互相竞争而进行。由于具有明显高于旧体制机制的绩效，新体制机制逐渐扩展其范围和程度，并且逐渐侵蚀旧体制机制的根基。与此同时，新体制机制逐渐得到主流意识形态的普遍认可，并且被不断地嵌入旧体制机制之中。旧体制机制在不断地加速衰落，不断吸纳新体制机制的因子，以及外部领域不断被新体制机制蚕食和侵占的情况下，丧失基本盘面，新体制机制最终得以取代旧体制机制，并且得到主流意识形态的正式承认。

中国的农村改革就是这种增量改革。农民发现集体生产队的方式吃不饱饭，于是他们开始探索承包制，偷偷地干，安徽凤阳小岗村就是这样干的。这在当时的确是不符合某些条条框框，但旧的条条框框解决不了农民吃饭的大问题。思想解放的主管领导就允许这种实验。最终，实验产生了明显的效果，大家看到了效果。正如邓小平后来所说的："开始的时候，并不是所有的人都赞成改革……还有一些省犹疑徘徊，有的观望了一年才跟上，有的观望了两年才跟上。中央的方针是等待他们，让事实教育他们。"①最终，大家接受了联产承包责任制的方法，并且运用程序，"不合法的使它合法起来"。除了农村改革，实行某些特殊政策的经济特区、沿海开放城市、"新区"、开发区等，以及乡镇企业和民营经济的发展，都是在不触动旧体制机制的基本面的前提下，通过在局部地区和某些领域、环节的试点，在各种市场主体的自发努力下，产生了显著的正面效果后，才得以成功发展并获得中央政府认可。可以说整个经济体制改革，就是按照这个发展逻辑，在逐步地减少计划体制对经济的影响，减少计划在资源分配过程中扮演的角色，逐步让经济面向市场，最终瓦解了原有的计划经济。

增量改革是中国改革领导人的政治智慧的生动体现。如果我们理解中国的基本国情和政治环境，理解改革开放之初人们思想上存在的认识的偏误，特别是以苏联改革失败教训为参照物，我们就不得不承认，增量改革的模式是最符合中国具体国情也是最有绩效的改革方式。其理由是：

第一，改革开放之初，在中国这样一个社会主义大国搞改革，任何一个企图一蹴而就的顶层设计既是一个不可能实现的幻想，也是一种致命的自负。事实上，如果我们承认信息的不完整性，承认绝对理性的不可能性，那么，我们就应该承认，顶层设计是有很大风险的。当代中国是以马克思主义为指导的社会主义国家，遵循马克思主义自不待言，但如何进行中国社会主义的建设，马克思主义经典作家也没有给出具体的答案。这样，如何既坚持马克思主义基本理论，又超越马克思主义经典作家的具体论述，是一个较为严峻的挑战。同时，中国疆域广阔，内部千差万别，不可

① 《邓小平文选》(第3卷)，人民出版社1993年版，第238页。

能有一个放之四海而皆准的政策。这样,在改革之初,选取增量改革模式的确是最理性的改革思路。

第二,寓革命性的飞跃于渐进式的改革之中,通过渐变引发质变。增量改革是基于过去经验对现行政策稍加修改而已,这是一个渐进的过程,看上去似乎行动缓慢,但积小变为大变,其实际速度大于一次大的变革。这 20 多年来的增量变革才是名副其实的整体的、内在的、综合的、持续的发展与转变,中华民族才真正地走上伟大的民族复兴之路。

第三,这是克服改革阻力的正确方式。因为改革伊始,大家对旧的体制机制的绩效和价值仍然存在争议,凝注在旧体制背后的思想信仰和既得利益也是强大的。在人们的思想认识还没有统一的前提下,改革不可能从一开始去否定、冲撞一个体制,只有在解放思想、实事求是的思想路线下,一方面不搞争论,大胆地试,大胆地干,另一方面,采取不断试错和渐进的模式(即"摸着石头过河"),在局部地区和某些环节进行试点、实验,通过实践检验思想理论和体制的优劣。最终,通过实践的效果对比,让大家看到新体制机制的优越性,于是新体制机制的因素被引入旧体制,这样一步步扩大新体制因素,最终由中央正式否定旧体制。经济改革的最大困难在于潜在受损者的政治性反对,要使改革得以继续和深入,必须维护或补偿潜在受损者的利益。增量改革作为一种"帕累托改进(Pareto Improvement)",使得中央政府、地方政府以及其他利益集团都从中获得收益,至少没有损失,从而极大减少了改革的阻力。

第四,这种不断试错的改革,是较为平稳的改革模式,改革的过程能够变成一个可控的实验。在中国,政策上大起大落是不可取的,往往是"欲速则不达",它会危及社会的稳定。增量改革模式不是马上否定和取代旧体制机制,而是通过不断增长新体制机制边际,让旧体制机制慢慢丧失它的优势和吸引力,通过一个较长的优胜劣汰的过程,慢慢形成新体制机制的主导地位和压倒性优势。这样,不会引起社会震荡,能够实现较为平稳的过渡。

但是,事物总是有两面性,任何一个改革模式都不可能是十全十美的。增量改革的弊端在于:一是缺乏顶层设计,容易形成许多混乱。二是容易造成权力阶层的腐败分子利用双轨制,运用权力寻租,搞官商勾结。三是非制度化的政策性改革引发许多自身难以解决的深层次问题,并且带来权力边界的模糊和紊乱。四是新的举措大多是“摸着石头过河”的产物，某种程度上存在缺乏顶层设计和通盘规划的问题。譬如，迄今为止，中央与地方职权的划分依然没有通盘的规划。

二、行政主导性社会治理模式的转型

行政主导性社会治理模式最重要的特征是指政府被假定为具有无限的能力和责任，因而被赋予极为广泛的权力，成为公共社会事务治理和公共服务供给的绝对主体，包揽了社会管理的一切事物，对社会实施控制和管理。

传统中国是一种典型的行政主导性社会。1949 年 10 月 1 日，在天安门广场举行的开国大典，标志着久经战乱和分裂的中国终于建立起一个稳定的中央政府。建构起一个具有高度控制能力的政府，对于当时社会秩序的重构、经济社会事务的恢复与发展具有重要的意义与价值。新中国通过各种制度规范将政党、政府和社会融入一体化的纵向网络中，从而保证各种资源的有效调动、政策的有效执行和对整个社会的有效管理。政府成为唯一的权力中心的同时①，被塑造成“全能政府”，集政治、经济、安全、福利等所有职能于一身，各种社会实体都变成了行政机关及其工作部门的下属组织，社会成为国家的附庸。新中国实行计划经济体制后，以一种理想化的态度对待国家在社会中应扮演的角色，使各级政府不仅承担着社会公共管理职能，而且作为国有资产者的代表，承担着国有企业事业单位大量具体的经营管理职能。这样，政府垄断所有社会的需求配给手段和功能，成为自然资源、社会资源最终意义上的占有者和分配者。最终形成了当代中国行政主导性社会的特征。

行政主导性社会治理模式具有其内在的合理性与深刻的根据。行政主导性社会治理模式必然产生“集中力量办大事”，甚至是“举国体制”的行政模式。就是说政府基于特定的意识形态信仰和国家利益的思考，集中动员和调配所能够运用或影响的所有力量，包括精神意志和物质资源，来实现某些重要目标的工作体系和运行机制。这一体制的优点在于能够

---

① 这里的政府是指当代中国语境下的政府，即中国共产党处于核心领导地位的党政机关。

迅速聚集最大限量的社会资源,为确定目标而形成一个合力。应当承认,在特定的历史阶段、特定的状况下,即需要动员各方力量、集中全部的社会资源为一个确定的目标而行动时,这一模式能够迅速将各方资源调动起来,发挥巨大的效能。特别是在中国这个后发外生型国家,需要国家有较强的集中和汲取资源的能力,需要国家有整合能力和进行战略规划的能力。然而,必须看到,单一的科层制权力体系的高度支配和控制模式,尽管在特定的时间阶段和特定的经济社会事务领域建构了政府的有效性,并且具有有效的科层制组织系统的调适能力的特征,却在推进有效的制度化进程、包容与吸纳公众参与的社会行动等层面上存在明显不足。由于资源的稀缺性,集中资源去实现一些特定的目标,必然就减少或降低了政府在其他方面工作的关注和资源的供给,即存在资源分配的人为的不均衡和"厚此薄彼"现象。譬如改革开放以来,我国始终坚持以经济建设为中心不动摇,生产力迅速发展,国家经济实力大大增强,人民生活得到飞跃性的改善,但由于各级政府把主要精力放在了推动经济改革和经济发展上,社会领域的改革和社会发展并没有引起相应的重视,从而造成社会管理体制创新不足、社会事业发展明显滞后,进而导致经济发展与社会发展的不协调。因此,一些因城乡差别、行业差别、贫富差距、社会分化等社会问题导致的人民内部矛盾的出现就在所难免。同时,还应该看到,政府仅仅是人类社会众多社会组织中的一种,是阶级统治的政治工具、管理社会的公共机关,而社会本身的繁杂性决定了社会事务的广泛性、复杂性。因此,政府与社会各有自身的特点与作用,国家承担的社会职能仅仅是社会全部职能的一部分。由于行政主导性社会里面拥有一个强大的政府,最大的特点就是依靠党政机关提供资源,这不可避免地造成社会组织自治能力的不足,从而阻碍治理共同体的运行和发展,进而影响对公共事务和社会事务的共同治理。事实上也承担不了所有的社会职能,如果政府背上的职责包袱越来越重,不仅迟早会因为不堪重负而被压垮,而且政府也会因为难以完成承诺的职责,导致社会大众的不满。

社会主义市场经济对行政主导性社会提出了新的要求和挑战。社会主义市场经济的提出,社会转型和体制转轨,要求政府职能转变和机构改革;要求政府必须减少直接的经济管理职能,加强经济监督职能和社会公共管理职能;要求政府放弃计划经济体制,转向社会主义市场经济。其影响并不局限于社会经济生活，而是深刻遍及整个社会领域，导致社会行为规范标准、观念的变化，要求政府相应地进行公共管理方面的变革。首先是所有制的新变化，政府面对的管理对象不再是单一的国有经济实体，而是各种并存的所有制形式。其次是经济的转轨、社会的发展使政府面临一系列新的社会问题，要求政府加强社会管理，如流动人口问题、社会就业问题、劳动保障问题等，这就要求政府的职能转向加强对社会事务的公共管理和提供必要基础设施与公共服务。

改革开放的过程，其实也是一个市场化改革的过程，本身也是一个对行政职能认识的转变过程。大家认识到，承认市场经济决定性地位的政府，必然是“有限政府”。所谓“有限政府”，其有限性就体现在权力的限度和边界上，即行政权力在各方面都受到约束和限制：政府作用范围在公共领域，不得干预私人性事务，不得干预市场的作用；行政权力行使的方式有限；行政权力的行使必须遵循一定的程序，按法律预设的方式、方法和步骤进行；行政权力要受到监督和制约。因此，市场经济的推行，需要整个行政系统功能进行转换和重新定位。符合市场经济的政府职能的第一项任务就是重新界定政府职能，明确需要退出的领域（“越位”）、需要强化的领域（“缺位”）、需要转变的领域（“错位”）。在厘清政府基本职能的基础上，逐步完成由“无限政府”向“有限政府”的转变。第二个任务是转变政府管理职能的实现方式，把旧体制形式的防范式管理理念和职能转换为运用国家强制力保护人民的权利和自由的引导式管理；把计划经济时代形成的军事管制式经济职能转变为市场经济下鼓励、规范、协调、服务式经济管理职能；变直接经济管理为间接调控，微观管理为宏观管理，变重行政手段为经济的、法律的、行政的等手段相结合。第三项任务是转变政府职能的运行体制，将政府“大一统”的管理模式转变为政府主导，企业、社会、广大第三部门共同发挥作用的管理模式。政府主要是社会的服务者、协调者和一定范围的干预者，社会才是主导者。[①]

三、非制度化的“放权让利”

对于市场化改革 30 多年以来中央地方权力关系的调整，一些研究者

① 沈荣华：《中国地方政府学》，社会科学文献出版社 2006 年版，第 132—133 页。

用“非制度化分权”来界定这种权力关系的变化，并借用国内外众多的分权理论解释这种权力关系调整带来的影响。所谓制度化分权，是指以宪法为基础的政治性分权，以及以中央的法律制度为基础的行政性分权。制度化分权是采用稳定的、规范的制度实现行政权力的分割、行使和监督，保障中央地方在具有较强刚性的制度环境中行使权力并接受监督。改革开放以来的调整中央与地方关系的举措大多是中央“摸着石头过河”的产物，中央与地方之间的利益分配，基本上是按照制度惯例而进行，新的分配举措也往往是中央与地方领导人之间协商或“讨价还价”的谈判结果。迄今为止，中央与地方职权的划分缺乏科学的分权和现行的法律规范。中央的放权与收权都只是凭借下发的一纸红头文件而已。由此观之，对于市场化改革 30 多年以来中央地方权力关系的调整，只能是属于“非制度”范畴。应该说，改革开放以来，地方自主性的增强和权力的扩大，不是“分权”而只是“放权让利”的结果。这不仅是在中国特定的正式官方语境中，从未有过“分权”这个词，更是源于中国单一制体制语境下，行政权力高度集中于中央政府的原则从来没有动摇。“分权”在法理上也没有任何根据，实质上只是作为权力所有者的中央政府在特定情境下，根据经济社会发展的需要对权力掌握的灵活分解和下放。由此，用“非制度化的‘放权让利’”一词可能更为贴切。改革开放以来，我国主要采取以下方式放权：

第一，逐级下放一部分权力。改革开放以来，为适应经济和社会发展的实际需要，中央政府非正式（即非制度化、非法理化）下放的一部分权力，主要是经济管理权力和部分行政管理权力。首先由中央政府向地方省级政府放权，其次由省级政府向市级政府放权，以此类推，放权是中央政府在特定环境下对中央地方关系的策略性处理，经过放权，中央全面集权体制有所松动，地方政府获得了一定的自主权力空间。

第二，倾斜性放权。中央政府采取区别对待原则，给予地方一系列优惠政策，“放权让利”。诸如扩大地方政府在财政税收、组织人事、行政审批、经济管理领域的自主权；区别对待经济特区、计划单列市、副省级城市、西部城市、东北老工业基地，给予当地政府特殊的行政放权和政策优待，等等。

第三，越级纵向放权。这种放权方式就是首先由中央政府直接赋予某些地级市一些省级政府的经济管理权限(譬如计划单列市),或者是省级政府直接向县级政府放权(譬如“省管县”模式)。

正是尝到了这种越级纵向分权的甜头,浙江最近尝试设立“镇级市”的行政管理模式。据2013年12月25日召开的浙江省小城市培育试点工作现场推进会传出消息:“浙江初步考虑建立小城市试点镇用地指标单列制度,争取国家在浙江率先开展撤镇设市试点,将条件具备的镇升格为小城市。”依照浙江出台的相关规定,保持镇级建制不变的情况下,通过委托、交办、延伸机构等方式和途径,试点镇享有与县级政府基本相同的经济社会管理权限。

改革开放以来实行的非制度化的“放权让利”,大大提高了地方政府在发展经济方面的积极性,但是,最主要的问题是这一“协商办事”政策模式,存在着浓厚的非制度化因素,它使得中央与地方各自的权限受政策因素影响太大,同时,使人们的预期具有很大的不确定性。现行的非制度化分权实行区别对待原则,各地政策优惠不同,它使地方政府间的权力和利益配置出现严重不均衡,导致地方政府之间的不公平竞争状态,削弱地方积极性,助长了地方政府善于“跑部钱进”和“打擦边球”等机会主义政绩观。多年来,我国的地方官们有一个使用频率很高的工作用语,就是“跑项目”,这便是这种非制度化放权让利产生的非预期的制度结果。

1994年分税制改革根据财权与事权相统一的原则,划分了中央与地方的财政收入,实行了中央财政对地方的税收返还和转移支付制度。分税制改革虽然在制度上承认了地方政府具有财政自主权(在计划经济体制下,地方政府实际上是没有财权的),把中央与地方关系纳入制度化轨道。有经济学家称之为“中国式的联邦制”或“财政联邦制”。应该承认,分税制改革在制度上承认了地方政府具有一定的财政自主权,并且试图以正式制度形式规范中央与地方的财政分权关系,但这种分权仍然是一种“行政性分权模式”,并不是正式的法律制度。这一制度仍然表现出较多的随意性和不规范性。事实上,分税制改革实施后的效果与初衷的差距被研究者证实:“自1994年以来直至今天,我国各省级行政区以下的地方财政体制,总体而言始终未能如愿地过渡为真正的分税制,实际上就是五花八门、复杂易变、讨价还价色彩仍较浓厚的分成制和包干制。”①由于中央与地方的事权边界不清、交叉重叠、缺乏法理规范，处在权力和利益的博弈漩涡之中的中央与地方，就可能利用这些空子，采取机会主义的态度，去争取能够得到更多的财政收入，尽量把自己要承担的责任推卸给对方。事权纠葛的过程实质上就是中央与地方之间围绕各自应承担的份额以及所需要配套的资金而展开的隐性博弈过程。

第二节　社会转型背景下行政生态分析

前文提到的里格斯讨论了发展中国家行政生态问题。里格斯发现战后西方国家在对新兴国家进行经济和政治援助时，试图建立西方国家的行政制度，但是收效不大，从而引起了他对发展中国家行政生态的研究。他发现，当一个传统的社会在转向现代化的过程中，旧的文化遭到西方帝国主义的冲击，而新的文化尚未落实生根之际，往往产生许多特殊的现象。在里格斯看来，这些社会处于“过渡型社会”阶段，存在三个重要的特征，即异质性、形式主义和重叠性。里格斯的行政生态学无疑为研究政府行政提供了很好的分析研究模式。下文将在批判地吸收行政生态学理论基础上，对当下处于社会转型背景下行政环境的特点进行分析。

一、中国行政生态在某种程度上的混合性

里格斯认为异质性的存在是过渡性社会（发展中国家）的重要特征。所谓“异质性”是指“一个社会在同一时间里，同时呈现了不同的制度、不同的行为观点”。由于一个正好相反的观点和习俗共同平行相处，因而，过渡型社会的变革充满了不协调和不完善。从整体而言，我国处于典型的过渡性社会，既有传统因素的存在，又有现代因素的凸现。当下中国行政生态环境呈现出的异质性有以下几个方面：

第一，从历史纵向来看，中国的现代化进程时间较短，在基础起点很低的情况下，不可能迅速掌握市场经济运行规律，不可能短期内迅速提高国民素质，经济社会文化各方面都迅速达到发达国家那种状态更是不可

---

① 贾康、梁季：《配套改革取向下的全面审视：再议分税制》，《中共中央党校学报》2013 年第 5 期。

能。因此，必然要经历一段先进和落后的激烈冲击和碰撞的时期。更重要的是，我国依然是个农业国家。

第二，从区域发展状态来看，我国农村相对于城市而言，中西部相对于东部和南部而言，传统的农业社会的特征更显著，生产力水平十分落后。同时，现代工业文明又势不可挡地推进。东部沿海地区，如上海、广东等地已经发展得相当充分，某些领域已带有明显的后现代社会特征。从经济运行机制看，现代市场经济已经显露出巨大的优越性，但是市场化程度不一而足，经济结构面临重大调整。从行政技术上看，中国政府的领导能力和执政水平不断提高，举世瞩目。但是由于幅员辽阔，行政层级过多，导致行政不力，甚至偏远基层的无序状态。随着全球化的加深，有些领域步入国际前列，有些领域对全球化还未做出回应。

第三，处于改革和转型进程中"体制摩擦"和"规范缺失"状况。中国的改革是"摸着石头过河"的渐进式改革，是寻找新的生长点的"增量改革"。这一既要改革旧体制又要照顾旧体制的"两难困境"的制度变迁，一方面造成旧体制和新体制之间产生了"体制摩擦"，同时又导致了制度边界和制度约束的不清晰和不稳定，从而一定程度上形成了"体制失范"或"规范缺失"状况。财政体制也一样，这种渐进式的制度变迁，使得中央与地方财政关系中不规范的局部调整措施大量存在，税收制度和税收政策始终处于修修补补的不完善状态，从而导致了我国转移支付制度的日益繁复和新旧体制的杂糅，制度边界和制度约束的模糊和混乱，以及绩效评价困难和监督机制难以健全。这些都为政府间的竞争和博弈提供了广阔的空间。

二、中国政府行政的重叠性

行政生态学认为，在过渡社会中，在组织和结构上，由于功能的分工不明，呈现出传统与现代的重叠。过渡型社会即发展中国家的公共行政存在着严重的重叠性。所谓"重叠性"，是指"一个结构并不一定产生其应当有的行政功能行为，往往受非行政行为的标准所主宰，而不受行政的标准所决定。同理，经济行为不仅仅是受市场规律控制，还受非经济的因素所决定"。

我国的政府组织结构脱胎于新中国成立后的计划经济时代，改革升放后，随着社会经济文化各个方面的飞速发展，社会事务日趋庞杂，政府管理范围也随之扩张，政府的权力也急剧膨胀。尽管政府层面的纵向网络没有发生根本变化，但社会层面的基层社会结构已经发生了巨大变迁，社会逐渐从整个纵向政府网络控制中分化出来，很多人变成了游离于这个纵向网络的“自由人”。人口的流动变得非常频繁，城乡分割的户籍制度也日益松动。总之，种种因素使得计划经济体制之下的整体性政府运行的经济社会基础发生了重大改变，从而使传统的高度一元化的政府科层权力管控和支配的体制不再能适应经济社会结构的变化，原有的行政机构已经不能很好地适应社会发展的需求。为了适应新的社会需求，政府的行政职能不断增加，行政机构不断扩大，但这种增加和扩大并不是在提前计划好的状态下进行的，具有很大的随机性。因此难免造成职能的重叠和机构之间争权夺利。因此说行政系统的改革是远远难于经济改革的，行政改革是中国现阶段改革的最大难题。

中国改革的实践经历了由全方位干预阶段向部分干预与适度干预阶段的过渡，并还将向政府与社会合作的优化干预方向过渡，这是从强制性权力到服务性权力嬗变趋势，即所谓“非权力行政的增大”。30 年改革开放，一定程度上冲击了固有的权力行政模式，但新模式还没有建立起来，从而呈现混合性特征：一方面，政府还是整个社会的中心，政府的“行政惯性”很强大，另一方面，一定领域的政府承诺，如服务行政开始零星出现；一方面，熟人社会的根基，使得非制度化的人情行政还在政府管制中起很大作用，另一方面，法治建设开始推行；一方面传统金字塔式的等级结构的土壤深厚，另一方面，《行政诉讼法》等法律、听证制度以及公共质询制度开始建立；一方面，建立在等级基础上的身份行政还起作用，另一方面，公务员与政府关系开始契约化，公共事务的管理、经营也通过招标、拍卖开始契约化。

三、中国行政生态在某种程度上的模糊性

行政生态理论提出，过渡社会存在“理论与实际的严重脱节，应该做的与事实之间有一大段距离，政府有一套漂亮的宪法，但做的完全是另一套”。正如里格斯所分析的那样，在一些新兴发展国家迅速建立起来后，在西方国家行之有效的行政体制、行政方法、行政技术以及文官制度等这

些制度在发展中国家收效甚微，甚至毫无功效，实际上源于行政环境的不同。在过渡社会形态中，国家虽然有着完整的法律制度，但实际上起不到应有的约束和规范的作用，甚至是形同虚设。传统的东西在实际上仍有巨大的影响力。

中国政府很早就确立了依法行政的原则，确立了“法治政府”的目标，应该说中国政府在法治化道路上取得了飞跃性的进步。但依法治国方略的实现，仍然需要付出极大的努力。就央地关系的法治化而言：

(1)中国现行的法律体系没有对什么是“地方性事务”做出明文阐释，到底哪些是地方的“独享权力”“专属事务”，哪些是与国务院及其各部门的“共享权力”和“同担事务”，地方与中央同享权力划分比例，都并不明晰。

(2)从权力结构上，上下级政府间职责同构、授权不清。除国防、外交等专属中央政府权限外，中央政府与地方政府之间的职责权限架构和种类几乎是一致的、对等的，由于法律没有对中央政府与各级地方政府之间的职责权限做出明确的界定，没有确切规定地方政府各层级、各领域之间的职能内涵与权力边界。这样不可避免地导致中央政府与地方政府各级之间职责权限的模糊不清与重叠错位。

(3)法律运行的配套制度仍不完善。无论是在中央政府与地方政府之间职责权限划分还是制约上，宪法和法律的规定都过于原则、笼统和宽泛，不易于操作。由于中央与地方的事权边界不清、交叉重叠、缺乏法理规范，这使得中央政府与地方政府之间权限划分带有很大的随意性、不规范性和不稳定性。其结果是，一方面中央可以干预地方，使地方政府不能有效履行自己的职权；另一方面，地方政府打“擦边球”，越权和变通，使中央的政令难以落实。

(4)原则上规定了中央政府对地方政府监察，但缺乏较为系统的法律规定，监督缺乏法律依据，发现问题也难以做出适当的处理和裁决；同时，缺乏法制化的监督机制和程序，监督工作常常受到外来因素的干扰和制约，使中央政府与地方政府各自的职权很难切实有效地履行。

中国经历了几千年的封建社会，人治思想和官本位思想根深蒂固。因此传统上，公民的权利意识很淡薄，作为一种外在规范，内化到公民的自觉意识，还需要付出极大的努力。有法不依、执法不严的现象极为严重。改革开放后，我国的经济、社会、文化诸方面都在飞速发展，新的经济状态下，新的价值观和新的利益格局出现，作为政府公共政策执行者的各级政府拥有越来越大的行政处置权，而作为约束机制的法律和制度不能很好地贯彻，就加重了法律和制度的形式主义和行政事实行为与原则的偏离，造成权力寻租、利益输送等腐败现象的盛行。

四、传统政治文化中“为政在人”的思维和以“关系”为核心的潜规则仍然顽强存在

在传统社会，地方政治制度的基本事实是，国家行政权力的边陲是县级，县以下实行以体现族权的宗族组织为基础、以拥有绅权的士绅为纽带而建立起来的乡村自治政治。在传统中国，社会单元是家庭而不是个人，家庭才是当地政治生活中负责的成分。家族中起统帅作用的就是家族中的长者，即费孝通所谓的“长老统治”。

与西方的“团体格局”相比，费孝通曾经把中国传统社会的人际关系形容为“差序格局”，“社会关系是逐渐从一个一个人推出去的，是私人联系的增加，社会范围是一根根私人联系所构成的网络”，“好像把一块石头丢在水面上所发生的一圈圈推出去的波纹”。在这种社会结构中，“从己到天下是一圈一圈推出去的”。在这个次序中，波纹最深，与每个人最切身而且最被看重的是每个人“己”的利益，其次是他的“家”，然后是他所在的更大一个范围的团体，这样一层一层推出去，最后到“国”和“天下”。在以“己”为中心的“差序格局”的网络中，产生了各式各样的以自我为中心点的交往圈，即“关系”。在中国文化中，关系的基础要看两个或者两个以上的人是否拥有共同的认同对象而定。换句话说，具有关系基础的人通常都拥有某些对他们个人很重要的认同对象，例如家庭、家乡、学校或者工作场所。这种认同可能是由承袭而来的，例如故乡、血缘等，也可能是攀附各种后来的联系而形成的，譬如同学等。中国人倾向于以关系为基础组成社团。如同乡会、同学会、校友会、同业公会等。这些以关系为基础的社团是某些中国人用以达到其政治目标的一种组织形式。中国人通常用“拉”或者“找”关系来增加关系的亲密度。“自家人”可以包罗任何要拉入自己的圈子表示亲热的人物。掌握各类社会经济资源的能力，决定了作为私人网络中心的这个人与其他人之间私人关系的紧密程度，甚至

决定了他的“家”的边界。

当代中国，尽管封建宗法势力已经土崩瓦解，但乡土社会的差序理念却在以“己”为中心的小圈子内被实践着，深深影响了人们的心理和处世观。“章子不如条子，条子不如面子。”某些人要升官调动，最优选择不是按程序、法律，而是“求关系”。在官场中，所谓的“干爹”“同门子弟”“铁哥们”“情人”等，都以“情”、以“关系”作为媒介来诱导。这种潜规则不仅仅是官场人士的心理默契，也成了人们在利益算计与索求时约定俗成的行为选择。中国政治历来有“正式政治”与“非正式政治”之说，非正式政治在一定程度上就是描述事实上的程序问题。这是因为规则正常运转是有许多约束条件限制的，在我国，在正式规则大多存在过于原则、笼统和宽泛，不易于操作等问题，带有很大的随意性、不规范性和不稳定性，还没有得到民众普遍尊重或遵循，在这种情形下，非正式制度（非正式约束）和潜规则就会大行其道。非正式制度和潜规则经过长期的运行，有文化和传统的支撑，已经内化为人们的心理认同，这就导致金钱、知识、人情、信息、权力、地位、声誉等都作为稀缺资源用于交换，严重软化了制度的约束，限制了正式规则的作用。产生所谓的“预算软约束”“寻租现象”“跑部钱进”等非规范行为林立或潜规则大行其道的客观现象。

在中央与地方的关系中，书面规定的制度与实际生活中运行的规则之间经常存在着巨大的差异。明文规定和潜规则的形成也有着截然不同的过程。明文规定通常遵循自上而下的方式，更多体现的是一种中央政府的意愿；潜规则是中央与地方在互动过程中实际形成的结果，它更大程度上反映的是地方的利益和博弈的实际情况。

因此，在讨论中央与地方关系时，不仅要注意到那些明文规定的制度，也要考虑到未写在纸面上，却在现实中实际运行并真正发挥重要作用的所谓“潜规则”或“陋规”。即使是同样写在纸面上的明文制度，在中央与地方复杂的互动中也会呈现出迥然不同的执行过程和效果。有的书面规则，例如不少法律法规，制定以后并未真正被地方实施，或多或少流于形式。有的制度安排，尽管在现实也落实了，却很难达到预期目的，甚至有时会起到相反的效果。

第三节　科层制的政府层级间存在的信息沟通问题

科层制下达和执行命令过程本质上是一个信息传递和信息转换的过程，也是一个包括信息的产生、信息整理和加工、信息的输出、信息反馈和信息再生的闭路循环过程。信息的收集与调查在制定决策和执行决策的过程中有着举足轻重的作用。决策者在决策形成过程中，以及在几个行动方案中选择最佳方案、评估下属执行情况时都需要大量的信息作为选择依据，同样，下级官员在执行过程中也依靠执行环境的信息来贯彻上级的命令，并根据其他信息对决策进行及时的反馈与调整。由于信息本身具有模糊性、不确定性、不完全性等特点，信息运动过程中的噪声干扰具有不可避免性，造成了虚假信息、过载信息、缺损信息、无效或失真信息产生的可能。信息失灵就必然会造成决策失误。

一、信息沟通本身存在技术性障碍

1.信息本身具有模糊性和不确定性

作为信息载体的语言文字，是一种表达观念的符号系统，是由集体习惯和社会习俗赋予的，具有任意性、社会性和系统性的特点。“如果一个表达式的适用存在边缘情形，那么这个表达式是模糊的。”①模糊性是指一个词适用范围的不确定性。模糊性是一个与精确性相对的概念。模糊性、歧义、不完全性、不可通约性和语义怀疑论是语言文字等表达符号不确定性的渊源。语言文字具有不确定性，而信息是用语言文字表达的，所以，信息本身具有模糊性、不确定性、不完全性等特点。

2.任何人都不具备全知全能的禀赋

任何人都不是全知全能的，不可能拥有完全的信息量，很多重要信息，尤其是关于未来事件的动态的信息的缺乏，以致在思考问题和做出决定时都面临着不可避免的不确定性。而且指导每个人做出行动的思想认识都不可能不受他自己的性格、经历、偏好、利益和所处的环境的深刻影响与制约。行政管理学家西蒙就反复强调，完美决策之所以不可能，是因

① Timothy Endicott. Vagueness in Law. Oxford：Oxford University Press，2000，P. 31.

为决策者事实上并不具有关于决策状态的所有信息，决策者处理信息的能力是有限的，决策者的选择行为受所收信息的实质和先后次序的影响，以及决策行动受决策者个性、经历和习惯的影响。

3.信息沟通过程存在着无法避免的沟通障碍

造成组织沟通障碍的主观心理性原因：第一，从主观心理因素来看，组织里的每一个个体的性格、气质、态度、情绪、需要、品质的差别都会成为沟通的障碍。第二，从知识和经验方面来看，由于沟通双方在经验、知识水平上存在差距，会产生沟通障碍。第三，知觉选择性、需要和态度不同造成的障碍。造成组织沟通障碍的客观性原因包括：空间距离（地域因素）所引起的障碍；组织结构引起的障碍；信息过量引起的障碍；由信息传递的媒介形式引起的障碍；等等。这些主观心理性原因和客观性原因都是无法避免的。

二、科层化的官僚体制存在信息沟通障碍

科层化的官僚体制的信息交流是双向的，就高层到基层这个方向而言，科层制就像一个金字塔，最高的权威处于金字塔的塔尖位置，当命令由金字塔塔尖的决策核心开始下达时，同样的命令在不同的下级区域进行解析和复制，不同的部门按照既定的模式和方法，把命令逐步分解成可以进一步落实的细节命令，一直到命令下达至最基层的行政区域和最具体的执行机构为止，这样整个官僚组织机器就运作起来，官僚组织在这种模式下，具有极高的效率。

就基层到高层这个方向而言，下面海量的信息、新问题在不断向上传递的过程中，每个主管都从较多的下属那儿取得信息，这样越到上层，信息就会越集中和拥堵。有鉴于此，行政组织层级里会存在一个信息筛选和简化的机制，把最核心和重要的信息向上反映，而精简一些细枝末节。但把信息进行分选和精简的过程，不可避免地造成信息失真。同样，在信息向上传递的过程中，中间官员必须把接收到的数据转化成更具概括性和浓缩的形式，这个信息转换的过程本身，也会造成信息失真。此外，每个官员都有一定的选择空间，以便选择一个他可以遵循的办法，即使他的上司仅仅命令他设计出一套选择方案，这个官员也会在设计方案的过程中行使其自由裁量权。每个官员向上层传递信息都倾向于夸大对自己有

利的信息，尽量减少或隐藏对自己不利的信息；每个官员都不可避免地对特定的政策和行动抱有自己的独特认识，即使他的职责要求他执行这些政策或行动，他仍旧会努力推行那些他认为是有利于自己的政策和行动，反对或不履行他认为是损坏自己利益的政策或行动。这一情况在官员的政绩取决于他的直接上级对他工作评价的情况下，表现得尤为明显。这样，经过筛选向上层层传递后顶层收到的信息数量，已经与由最底层进入信息沟通系统的原始信息大有不同，甚至会走向大幅度的失真。而金字塔顶端的决策机构，如果根据这些严重失真的信息制定解决方案，最后出台完全不切合实际的政策来解决问题，把问题变得更加复杂和失控。即便是真实的信息，也往往因为众多的信息量可能淹没了其中最重要、最有价值者，从而影响信息的及时利用。有必要指出的是，信息往往具有时效性，随着时间的进展，环境逐渐开始出现变化，开始出现一些新的问题，这些新变化和新问题是原有的信息所未承载的。

最了解真实情况的是直接面对问题的底层，但基层人员掌握的信息，上级不一定知道，下级只给上级想知道的信息，准确地说，只是下级想让上级知道的信息。信息又是逐级向上汇报的，每一级在向上级汇报时，也会根据自己利益的相关性对需上报的信息或缩或扩，层层都进行过滤和筛选。因此层级愈多，信息失真愈多，信息传递的速度愈慢，监控力度愈小，下情想上达很难，这造成了信息资源的反向的不对称。具体到某一件事某一局部来说，实际上底层掌握的信息远大于上级。但是，官僚组织中上层的命令在向下传达的同时，中间官员必须把收到的命令转化成更加具体和扩展的形式。这种不对称现象的出现是因为组织的下级成员比上级多。有许多不同的办法可以使这些命令在每个层级中被具体化，而且，在存在自由裁量权的情况下，上下级官员之间目标的差异就会导致组织权威的流失。科层制中，距离权力核心层级越多，权力中心对下级拥有的控制力越小；愈是远离权力核心，官员自主的权力基础与资源就愈多，愈难监控。公共行政学把此种现象称为“官僚的自主性”。

由于官僚组织的信息沟通有信息歪曲的特征，官僚制高层级的政府官员也会采取一些措施来降低信息失真的程度。“亲力亲为”不可得，只有缩短监控距离，于是需要设置机构代理高层去行使监督权：重复和核查报告、反向偏见措施、消除中层人员数、发展能够查处信息歪曲的证据等措施。这些监督机构起初本来是临时的，特设的，不定期的或不定点的。为了更有力的监督，需要监督机构的权力起码要比监督对象大，于是给它们赋权设职，慢慢地，这个监督机构越来越行政化和实体化，并且最终成为科层制的正规的一级，于是层级便增多了。譬如，清初设总督和巡抚，就是为了提高行政效率，结果反而变成一级行政机构。机构增多，需要协调的问题越多，于是必须设置统领他们的上级协调机构，层级更增加了，“流官”变“坐衙”，临时机构变常设机构，“刺史”变成“州牧”，“监司”变“守牧”，“监官”的督察机构变为亲民的行政机构，历史上的例子屡见不鲜，但是作为权力核心的“耳目之寄”的巡察机构和信访机构正规化、制度化后，往往变为科层制中一级，使组织规模扩大，层级增多，正如上文所述，反而起到了削弱监控的副作用，也造成效率低下而延误时机。为了应对这样的情况，有时候，官僚组织也会尝试适度地放宽办事程序的严格性，允许下属部门可以便宜地自行处理问题，这样固然提高了效率，但又会使得下层官员的自行其是和腐败又开始大量产生，在官僚的金字塔内的信息传递就更加紊乱和失真，位于顶层的决策机构就更加无法处理各种问题。最终，官僚体制要么在地方自行其是和腐败中最终完全瘫痪，要么越来越严格的集权和控制，依赖于最高领导事无巨细的事必躬亲和部门间的办事制度、流程来制约怠政和腐败行为，这个制度和流程越严密，越有刚性，但是组织对复杂多变环境的适应能力就越弱，一旦中央出现情况，整个官僚体系跟着灰飞烟灭。中国自唐朝至清朝，权力越来越集中于中枢，国力即越来越弱，一旦首都沦陷便朝廷覆灭，便是这一逻辑的现实展现。权力高度集中于最高层，也势必使最高层处于高度紧张的工作状态，一旦继位者不愿意随这样的决策负累，那么，这个最高、最力者周围的人，诸如后宫和太监，便控制了最高权力，使国家陷入更大的腐败。①

三、超大型管理体制必然会出现更为严重的信息沟通障碍

中国的历史和现实决定必须要由中央集权制来控制大局和统筹各种关系。但是，中国的幅员和人口的超大性、复杂性决定了管理规模的超大

① 参见安东尼·唐斯:《官僚制内幕》，郭小聪等译，中国人民大学出版社 2006 年版。

性。超大的管理规模,在管理者的管理幅度的约束下不可避免地需要分层管理,因此会形成多层次的组织结构,也使得组织的关系更加复杂,协作也更加困难,唐斯(Anthony Downs)就曾注意到权力核心对科层组织的控制与组织规模成负相关关系。他指出,官僚组织内部控制存在着三大定律:不完全控制定律,即没有人能够完全控制一个大型组织的行为;控制递减定律,即组织规模越大,顶层官员对组织行为的控制力越弱;协调递减定律,即组织规模越大,协调行动越困难。也就是说,最高领导对科层制实施的实际控制,会随着组织规模的增大而下降。

从国家结构看,我国是实行单一制的多民族国家,地方政权数量众多,一般而言,我国政府的管理层次包括中央政府、省级政府、地级市政府、县政府和乡政府(此外还有不属于政府系列但也承担一定公共管理职能的村民委员会和居民委员会),由于管理层次较多,越到上面管理幅度越小,从而形成了高、尖、细的金字塔形态。过多的管理层次,影响了信息从基层传递到高层的速度,造成信息传递迟缓,尽管政府非常重视通信的及时性,现代通信工具可以以光速来传递,而且通信系统的维护成本更低,但是即便硬件的通信及时性得到保障,而人的效率仍然会出现延迟。

第四节　现阶段央地政府间关系的总体现状

总体上看,我国中央政府与地方政府的关系状况呈现以下主要特点。

一、中央政府对地方各级政府的控制仍然是基本的、有效的、多方面的,下级服从上级,这种状况基本上仍然没有改变

中央集权制仍然是当代中国中央与地方关系的根本特征。中国的政府间关系是一种集中体制,地方隶属中央,在行政上不具有相对独立性。地方政府一切权力均来源于中央政府。就目前来说,中央政府对地方各级政府的控制仍然是有效的、多方面的:中央政府通过对省级政府正、副职领导人的任用和管理,从干部人事上控制了各省级政府;中央政府通过宪法、法律和规章,以及立法规划、范围、内容和程序,控制了地方政府的立法活动;中央政府通过规划和计划管理、财政预算管理、金融税收政策、审计管理,以及基建项目的审批等途径,控制了地方政府的经济活动;在司法权上,地方各级法院都是国家设立在地方的法院,都必须代表国家行

使司法权。中央政府通过行政领导、编制审批、行政监督,控制了地方政府的行政活动;通过党的领导、政治思想教育、新闻传媒的宣传,中央也严格控制了地方的政治活动。加上党的组织纪律和组织系统的"党管干部"原则,"国家利益大于一切"的意识形态作用,在当代中国,由中央掌握全部政治权力资源,对地方政府实行政治管理和行政控制(命令)的中央高度集权体制,决定了中央政府对地方政府具有决定性的政治指挥权。因此,地方政府必须听命于中央,下级政府和下级部门必须执行上级政府和上级部门的计划、政策、决定、命令。上级制约下级最有力的手段就是人事任免。

必须强调的是,改革开放时期的"放权让利",从总体上说,并没有触动中央与地方政治关系的整体框架,中央对地方严格的政治控制并没有削弱。中央政府继续通过对地方的干部人事控制、行政职权控制、立法权限控制等,维持着对地方严格的控制。

二、在中央集权的硬币背面,是地方的"擅权"

中央政府的力量非常强大且具权威性,地方政府则相对处于一个被动和从属的地位,没有反向制衡中央政府的权力。地方政府一切权力均来源于中央政府。立法上,地方人大有限的立法权来自全国人大的让渡;行政权上,地方政府都是国务院统一领导的国家权力行政机关,都必须接受国务院统一领导;在司法权上,地方各级法院都是国家设立在地方的法院,都必须代表国家行使司法权。然而,高度集权并不能保证中央政策的有效落实,在中央集权的另一方面,却是中央政府并不拥有足够的支配地方政府的权力。地方政府实际权力很大,中央的大量决策必须依靠地方政府去贯彻执行。一般而言,中央要使地方政府完成任务依靠的是地方的政治觉悟、中央对地方的控制和监督。然而,政治觉悟是一种"软约束",具有"不可衡量性";中央对地方的控制主要通过立法控制、项目控制和人事控制之外,没有其他的有效控制手段①;中央政府也因为监督成本和信息劣势,无法真正实现对地方政府完成行政命令的情况进行有效的

① 应松年、薛刚凌:《地方制度研究新思路:中央与地方应用法律相规范》,《中国行政管理》2003 年第 2 期,第 33 页。

问责和激励。由于特定的历史原因,我国的地方政府在某些领域缺乏应有的自主权,地方的利益诉求长期以来没有一个规范的表达与平衡机制。民主集中制原则很好,但在这一原则指导下的具体的制度设计,并没有彻底转化为科学的制度规范和法律规范,中央政府缺乏有效的制度机制和完善的法律保障体系来调控地方政府行为。当中央政府的政策与地方利益冲突时,拥有不对等的事权责任、一定的管理权和处置权,以及过大的行政自由裁量权的地方政府,在不越过自身的担当底线的前提下,就可能采取"阳奉阴违"的政策,通过对中央政策的歪曲或某种程度的讨价还价来达到自己的目的。另一方面,因为缺乏稳定的制度规范,地方政府产生"有权不用,过期作废"的短期化预期,往往最大化使用行政裁量权。这样,地方政府在事实上分得了部分权力却缺乏自上而下有效的权力监督。从而产生了原则上的中央集权与事实上地方政府拥有很大权力这样一种权力的杂糅并存的局面。在规则不稳定甚至没有规则的条件下,地方政府便充分利用中央政府与自己信息的严重不对称和监督乏力,最大限度地扩张自利性行为选择的空间。当中央政府的政策与地方利益冲突时,在不越过地方政府的担当底线的前提下,地方极可能借着与中央信息不对称的优势,采取"阳奉阴违"的行为方式,搞起"上有政策,下有对策"的游戏,去争取得到更多的财政收入,尽可能推卸自己要承担的事权责任,或者通过对中央政策的歪曲或某种程度的讨价还价来达到自己的目的。博弈到最后,往往是中央政府不得不使出"政治"的撒手锏才能使地方就范。

三、呈现出"差序"特征的中央"行政集权"

中国是一个单一制的主权国家,地方政府必须听命于中央,下级政府和下级部门必须执行上级政府和上级部门的计划、政策、决定、命令。理解的要执行,不理解的也要执行,这是由中央集权制的性质所决定的,很少有讨价还价的机会。另一方面,由于中国是个超大型社会,中央政府必须依靠多级地方政府来实际运作执行政策的各个环节,这就造成地方政府拥有广泛的政策执行自由裁量权。同时由于监督成本太高和信息劣势,中央政府在某些环节和方面其实无法真正实现对地方政府的高效问责和激励。在此语境下,中央对待地方政府完成中央布置的任务的表现,呈现出一种有所优先侧重的“差序”的菜单排列。第一，发展是硬道理，经济增长仍然是其中最为关键的指标。政绩考评体系的实质是对地方政府政绩的度量并给予奖惩。由于衡量地方政府的投入和产出异常困难，度量成本非常高，此时，根据地方政府的政绩排序来度量其产出就成为一种成本相对较小的可行方式，这种政绩排序考核的是各地区有关指标的相对水平。这些指标集中在 GDP 总量、吸引的外商直接投资额、上缴多少税收等方面。第二，中央政府视为必须贯彻执行的重大政策，则采取“泛政治化”的责任实现机制。责任实现机制的“泛政治化”指的是上级政府，特别是中央政府和各级党委将某些重要任务明确为“政治任务”，要求下级政府以及职能部门全力完成，并相应给予政治上的激励和惩罚（主要是职位上的变化）的一种手段，其根本出发点是实现上级设定的具体任务，即中央把某些重要任务明确为“政治任务”，以“硬指标”“一把手工程”“一票否决”等形式，用直接追究地方政府责任人的否定性处理的组织处理手段，硬性要求地方下级政府以及职能部门全力执行。从 20 世纪 90 年代初的计划生育开始，“一票否决”的内容至少已经包括了社会综合治理、安全生产、信访工作、节能减排等。第三，由于信息劣势，中央政府对地方政府某些“违规动作”或“消极怠工”，往往不能“及时觉察”，因此，中央政府往往采取“事前严厉威慑，事后选择性追惩”的弹性处理模式；或者是因为在增量改革的语境下，中央政府会在一定程度上容忍和默认地方的实验，不采取过度干预措施。这样，地方政府只要是在一定的制度和原则空间内，同时又取得了地方经济的稳定和发展的政策，那么这些政策就会得以推行和实施。当然，那些违背了特定的制度和原则空间，以及那些实践证明是错的政策举措，最终会被制止。

与呈现出“差序”特征的中央“行政集权”相对应，对于被要求完成的所有任务指标，地方政府往往拥有选择性地执行政策的自主性。对于那些在考核中占据重要位置的硬指标（如税费征收、计划生育政策执行等），地方官员会积极动用一切力量和手段以确保任务完成，而对于那些考核中不占据重要位置的或没有考核指标的政策，在执行中往往是敷衍了事，甚至根本不见具体行动。

第四章　财政的政治属性及其体制建构

认识财政问题，必须把握财政的政治属性，充分理解我国财政体制的宏观政治环境。财政的政治属性是指财政具有政治的特质、功能，是实现政府的经济、政治、社会目标的重要工具。如果只谈论财政的经济性，其结果只能是忽略政治程序在财政活动中的作用，忽略政治权力凭借财政分配介入和干预市场活动的可能性，因此，必须将财政置身于广阔的社会生活中，理解其在现实社会中政治对财政的影响，才能够抓住问题的要害。

第一节　财政的本质及其政治属性

一、财政与国家具有最深层次的本质联系

马克思、恩格斯认为，财政是以国家为主体的分配关系，是统治阶级为实现一定的阶级利益和国家意志，强制参与社会产品的分配与再分配的过程。“国家，这是土地贵族和金融巨头联合统治的化身，它需要金钱来实现对国内和国外的压迫”。并指出：“国家存在的经济体现就是捐税。”①也就是说，国家的财政活动是以政治权力为后盾，指向不同的阶级、阶层、集团的利益，从而对他们的利益产生影响和进行调节的。我国财政理论界对于财政本质含义的探讨，形成了“财政是以国家为主体的分配”的结论，即“国家分配论”。该理论认为，财政的主体是国家，财政的目的是满足国家职能的需要。这里的国家首先是一个阶级国家，国家活动满足的主要并不只是公共需要，而首先是统治阶级的需要，并且后者才是国

① 《马克思恩格斯全集》第 7 卷，人民出版社 1959 年版，第 339 页。

家职能的中心内容，为统治阶级利益服务才是其根本目的。不同社会制度下的财政活动体现着统治主体的政治、经济意志。简而言之，财政是人类社会各个不同社会形态的国家为实现其职能，并以其为主体无偿地参与一部分社会产品或国民收入的分配所形成的财政分配关系的活动。

二、财政是政府行使职能的基础

任何经济社会和任何发展阶段，国家治理的主体都是政府，财政则是政府履行职能的基础所在。政府做任何事或从事任何活动，都是要花钱的，都要以花钱为条件。政府所花的钱，来自财政支出的拨付。政府要花钱，就要筹钱，就得有钱的来源。政府所筹措的钱，构成了财政收入。这一收一支之间或财政收支的过程，实际上便是作为国家治理主体的政府履行职能的活动。没有财政支出的拨付，没有财政收入的筹措，就不可能有政府职能的履行，也就不可能有国家治理的实现。可以说，财政的"第一天职"是从财力上保证国家机器的正常运转。

三、财政是以政治权力为依托的资源配置和利益调节手段

任何社会形态的国家，为了满足实现其职能的需要，但由于自身又不直接创造物质财富，因而只能凭借政治权力对纳税人进行强制课税。国家取得的税收收入从来都是同政治权利相联系的。财政作为政府的分配活动方式，它不是以市场为媒介和通过市场渠道来完成的，而是政府凭借公共权力无偿地获取为实现其职能需要的物质产品，它并不对纳税企业或个人承担必然等量偿还的责任，相反，由于财政支出而受益的企业或个人，也并不直接相应为之缴纳等量的费用。财政的分配对象是社会产品或国民收入，其中主要是剩余产品，但国家也可能包括对基本折旧基金的集中和返还。国家凭借政治权力征税是以国家预算的形式进行的，是通过政治程序直接安排和操作的活动。而这些以政治程序的安排与运作来展开的活动，具有强烈的政治内容和因素。从财政分配活动的目标和结果来看，财政的收支政策都体现着政府关于社会成员利益安排的目的和意图。

四、财政体制实质上是与政治权力分配相匹配的财权分配制衡体系

财政活动是在一定的社会政治制度框架下运行的，它与政府的具体政治制度和规则密不可分。财政体制是指国家管理财政的组织体系、管理制度和管理形式。财政体制的实质是正确处理国家在财政资金分配上的集权与分权问题。按现行通俗的说法，财政体制的内涵包括财政收入和财权划分两部分①，从纵向看，财政体制是垂直的各级政府间财权和财政收入划分的制度。纵向财权划分制度与国家的政权层级构成紧密相关，更明确地讲，必须与政治的层级构成相一致。具体地说，在一个国家关于各级政府的职责和行政权力划分既定的框架下，作为物质保障体系的财政体制必须解决各级政府履行职能所必需的经费资源问题。财权的横向分配实际上是一个界定政府与市场、公共权利与私权利的边界问题。事权划分模式是决定于政治结构的，涉及中央和地方在动员、支配经济资源的权责划分以及中央与地方之间集权与分权关系依据何种原则处理等政治体制的问题。②

五、财政关系是府际关系的核心问题之一

财政乃是剥掉了所有意识形态因素之后的国家本质。中央和地方之间的竞争或两者关系的紧张，主要体现在财政领域及与之相关的职责领域。相比其他政治控制方式，以财政手段处理中央和地方关系具有巨大的实效性和灵活应变性。在当今世界，各大国几乎都把财政控制作为中央对地方实施监督和控制的最主要手段，并尽可能依据国情和实践的需要，推行适于自身的财政体制，以达到政治控制和经济效率之间动态的平衡。财政控制的具体技术手段很多，但核心的手段无疑就是政府间转移支付。政府间转移支付的基本目标（或最终目的）是引导社会利益结构趋

---

① 按通俗的说法，财政体制除财权、财政收入划分外还包括支出划分，但纵观我国财政体制改革的历史，其实际上基本围绕财权、财政收入这个因素进行，支出职责的调整范围、项目、规模都很小，所以笔者只针对财政权和财政收入的划分进行探讨。

② 沈玉平、叶宁：《财政体制的政治属性及相关问题研究》，《政治学研究》2008 年第 2 期。

向某种均衡状态,以避免社会利益结构严重失衡而导致公共风险加剧,本身就具有极为明显的政治色彩。

六、从实践角度看,一部世界近现代史,其实就是一部财政史

历来的统治阶级都竭力地控制住财权,而被统治阶级却为争取财权而不懈斗争。这是因为,财权是整个政权体系的基础与保障,每个特定的政权体系都离不开财权的支撑。可以说,有什么样的政权分配格局就有什么样的财权分配模式。由于财政制度的改变往往导致其他许多新制度的发展,它的解决方法对这个时期形成的政权特色具有持久的影响。每当财政危机发生,国家便不得不去调整旧的制度和创造一种新制度。历史无不告诉我们财政在实际政治发展中的重大作用。

对于财政的国家本质属性,西方资产阶级学者也是深有感受的。与这种经济学观相反,西方财政学在其发展过程中,开始出现了经济学与政治学交叉学科观。道尔顿(Dalton H.)1922 年的《公共财政学原理》一书,第一句就指出:"财政学是介于经济学与政治学之间的一门学科①。"随着社会抉择理论从 20 世纪 60 年代开始逐步被纳入西方财政学,这种主张发生了很大的变化,因为社会抉择理论从威克塞尔开始,就是主张政治程序进入财政分析视野的。为此,作为社会抉择学派代表人物的布坎南,在 1960 年《公共财政学:教科书导论》一书"前言"中就指出,"财政学是涉及经济学与政治学两个方面的学科"②。经济学家熊彼特(Joseph Schumpeter)也屡次强调财政在现代国家发展过程中的作用。在熊彼特看来,任何一个国家的经济政策的主要动因,都是其财政利益,财政动因创造了经济形式,推动了工业发展,导致了国家政治制度的变化,他甚至认为,现代国家机构的形成实际上是源于其财政上的使命。所以,他把现代国家称为"税收国家"。熊彼特曾经说过,"一个国家的财政支出就是她的意识形态"。政府所有的功能都需要财政支撑,所有行为都会反映到财政上,如果中央政府丧失了这些能力,不能有效控制庞大的国家机器,不能有效整

① Dalton, H. Principles of Public Finance. London: George Routledge & Sons, Ltd., 1922, P. 3.

② Buchanan, J. M. The Public Finances: AnIntroductory Textbook. Homewood: Richard D. Irwin, Inc. 1960, p. vii.

合不同地域、不同民族的资源和冲突，那么动乱甚至分裂就会与转型相伴而行。制度派经济学家诺斯(Douglass C. North)也强调财政危机在新制度的确立过程中经常起到巨大作用。他说，财产制度的确立及实施是政府行使强制权力的先决条件，而新的财政制度的发展则主要是因为政府遇到了严重财政危机。政治学家布劳(Peter Michael Blau)进一步认为，现代国家的产生是和税收制度的发展分不开的。他强调，财政制度是把经济基础转化为政治结构的转换器。马歇尔更是感叹道："征税的权力事关毁灭的权力。"财政体制的背后是政治体制。[①]

第二节 必须保持中央政府对财政的控制权

任何一个国家的任何政府活动，都离不开财政收支规范化运行的基础和支撑。"财政乃是剥掉了所有意识形态因素之后的国家本质"。财政是否能成为现代政府权力的一个主要标志，或是否能成为衡量国家能力强弱的一个最重要的标准，在于国家能否从社会汲取和分配资源。对于财政的国家本质属性，西方资产阶级学者也是深有感受的。他们认为如果中央政府丧失了这些能力，不能有效控制庞大的国家机器，不能有效整合不同地域、不同民族的资源和冲突，那么动乱甚至分裂就会与转型相伴而行。在美国联邦宪法中，各州决定授予联邦政府的诸项权力中，赫然列在首位的是征税权！欧洲大陆的大国法国也仍然为高度集权体制的国家，中央政府通过财政手段对地方政府进行严格控制，中央政府财政收入占 80%，地方政府财政支出一半来自中央的财政援助[②]。而任何一个政府的崩溃，财政垮台都是最为重要的原因之一，南斯拉夫和苏联的解体，很大程度上与中央汲取的能力严重下降相关联[③]。

就当前中国现实来说，中央和地方之间的竞争或两者关系的紧张，主要体现在财政领域及与之相关的职责领域。"存在决定意识"，财政的政

---

① 参见朴炳光：《关于国家能力理论的探讨》，《南京社会科学》1998 年第 7 期。

② 关于法国和南斯拉夫的中央与地方各自财政所占比例的数据，参见金太军、赵晖：《中央与地方政府关系建构与调谐》，广东人民出版社 2005 年版，第 26 页，第 99 页。

③ 许善达(国家税务总局原副局长)为《中国的财政政策——税制与中央及地方的财政关系》所做的译者序。载于罗伊·鲍尔：《中国的财政政策——税制与中央及地方的财政关系》，中国税务出版社 2000 年版，第 19 页。

治本质决定了我国的国家意志对财政问题的高度重视。除此之外，当代中国对财政和中央的财权、财力问题的重要性认识还有以下因素：

一是从政治历史方面讲，东方大国文明模式，大一统的政治文化传统，渴望集中、统一的民族心理，人口多、地域广、差别大及民族聚居分布等特点，都内在地要求集权式的中央管理模式。在现代化过程中，如何合理划分中央政府与地方政府的权限，如何既发挥地方政府的积极作用又确保中央的权威，中央政府对地方政府的监督控制就显得越来越重要。

二是从国家性质看，包括中华人民共和国的国体和政体，中国共产党的领导制度，作为执政党的中国共产党的组织原则，单一制的国家行政制度，政府条块管理体制，党政双头体制，主流意识形态指导地位等，都构成了中央集中管理的现实原则。社会主义性质要求的公有制的主体地位和国有中央企业的国企主力军地位，也使得中央政府可以凭借政权行使者和国有资产（本）所有者的双重身份，强制地、无偿地参与这些关乎国民经济命脉的资源的管理、使用与分配。

三是现实国情的要求，在我们这样处于转型期的单一制的超大型的社会主义国家，中央政府动员财力的能力攸关国家性质、社会稳定和中央政府意志的贯彻。在我国社会主义市场经济条件下，财政作为国家进行宏观调控的基本工具的地位，要求中央政府必须通过有效的财政制度，保持对财权和财力的控制力，这样才能真正实现国家意志和要求。同时，由于各个地区的经济发展水平不同，地方政府的财力差距很大。调节地区之间的收入差距，实现公平，就需要在一定程度上通过强制性手段调节地区之间收入水平的差距。这项任务只能由中央财政来承担。

四是对社会主义市场经济条件下财政职能的认识。社会主义财政是以社会主义国家政权为主体，为政府履行其职能服务的。财政所带有的集中性分配特性以政府权力为依托，又借此贯彻政府职能，发挥宏观调控作用。因此，社会主义市场经济体制下的财政职能实际上是社会主义国家政府为了实现其职能而对财政的必然要求。社会主义市场经济体制下的政府职能规定了相应的财政职能。

五是中共十八大以来，我国已经将财政提高到成为国家治理的重要支柱的高度来认识。随着我国国力和现代化水平的迅速提升，国家面临的国际形势比以往任何时候都错综复杂，面对的国内改革发展稳定任务也比以往任何时候都艰巨繁重。这些都对我国现实的国家治理体系和治理能力提出了严峻挑战。正是基于这种判断,推进国家治理体系和治理能力的现代化,被明确界定为当前这一场全面深化改革战役的总目标。实现国家治理的现代化,也自然要筑牢其重要的支柱。财政即是国家治理的重要支柱,因为在构成现代国家治理体系的诸要素中,财政几乎是最重要的一种要素。这是因为相对于其他方面的政府职能,财政职能所具有的一个特殊品质或突出特点,就在于其最具"综合性"——覆盖全部、牵动大部。由于财政收支既是所有政府活动的基础,又是连接政府和家庭企业最直接的纽带,牵住了财政职能这个牛鼻子,顺藤摸瓜,就等于抓住了政府职能履行、国家治理实现以及整个经济社会运转的全部内容。正因为如此,十八届三中全会才会做出"科学的财税体制是优化资源配置、维护市场统一、促进社会公平、实现国家长治久安的制度保障"的重要判断。

从经验层面看,简单地说,改革开放以来我国的财政改革,都缘起于这一逻辑:中央对财力和财权实现必要的集中统一。财政包干制改革后,国家将收入和支出的责任重新下放到地方,中央因而可以卸下行政与财政重担,并且让各省区可以因地制宜地规划和发展地方建设。"分灶吃饭"的财政体制是中央政府为了缓解 1979 年和 1980 年连续出现的巨额财政赤字做出的妥协,并不是理性的选择。也就是说,财政分权化改革的起因在于财政压力。因为在每次改革实行了不长几年之后的中期结果中,中央似乎都处于不利的地位。为了扭转不利的地位,中央就通过多种途径改变规则,例如改变基数、改变分成比例等,以达到维持中央财政占主导地位的目的。虽几经流变,但中央财政资源仍然流失严重,中央自然不会放任这一现象的发展。1994 年的分税制改革最大的政治动机,在于保证中央集中更多的财权与财力以更好地实现国家意志,就是通过财政控制——主要包括控制地方的财政收入和监督地方的财政活动,以保证中央的财政控制权。分税制改革是在中央应该集中财权与财力以更好地实现国家意志的价值取向下进行的。这一政策目标,是通过中央与地方财权与事权的“剪刀差”[1]产生中央财政“结构性剩余”和地方财政“结构性赤字”而得以实现的。对于这个情节，看看这一改革的领导者朱镕基、刘仲藜、项怀诚、翁礼华等人的回忆，便可知晓。在国家意志的菜单选择上，中央财权和财力的政治意义显然要远远大于财政效率这个问题。结果也正是这样：根据统计数据显示，1993 年中央和地方的财政收入占全部财政收入的比重分别为 22% 和 78% ，而到了 1994 年这一比重分别变成 55.17%和 44.3%。与分税制改革前相比，地方财政收入下降了 30%。[2]

第三节　新中国财政体制的沿革

一、计划经济时代以统收统支为基本特征的财政制度

1950 年 3 月，政务院通过了《关于统一国家财政经济工作的决定》《关于统一管理一九五〇年度财政收支的决定》，统一全国财政收支、物资和现金管理，初步形成了高度集中的统收统支财政体制。随着中国政治经济形势的变化，计划经济体制下的财政制度，进行过多次的调整与改革，但是在 1978 年以前，从总体上看，我国实行的是一种以统收统支为基本特征的财政制度。统收统支指的是地方政府的财政收入全部上缴，支出由上级政府统一拨付；国有企业的利润全部上缴，预算管理权基本上集中于中央，财务开支由财政部统一规定，亏损由财政部门进行补贴；行政事业单位的经费由财政部统一拨核，年终地方结余资金全部交还中央，国家的财政管理和财力支配权全部集中在中央。

统收统支的财政制度，是计划经济体制的客观要求和必然产物，这样的制度安排有利于在计划经济体制下集中国家的物力、财力，兴建大中型建设项目，统筹安排国家财力，实现财政收支平衡，因此在奠定中国社会主义工业化的物质技术基础过程中，发挥了功不可没的重要作用。但是财权的过于集中，地方财政收支不挂钩，则既不利于调动地方政府当家理财的积极性和主动性，也因中央统得过多、管得过死、缺乏弹性，而不利于

---

① 这里采用“剪刀差”，是指分税制改革形成了财力向上集中而公共服务、社会管理的义务和责任逐级下放逆向运动的局面。

② 岩石：《地方财政危机的预警》，《上海证券报》2008 年 12 月 15 日。

财政在国民经济管理中宏观调控功能的发挥。国家对企业统负盈亏，利润全部上缴，亏损国家弥补，扩大再生产费用由财政审核拨付，财政成为国家直接管理和经营企业的工具，企业成为国家的行政附属物，这种企业吃国家“大锅饭”的制度，严重影响了国有企业增加收入、节约支出的积极性，制约了企业经济效益的提高。正因为如此，这种制度在1979年以后成了中国经济体制改革的主要对象。

二、改革开放初期的分级包干财政体制①

我国地方财政体制改革总体上沿着放权让利的道路在前进，但要判断现行地方财政体制的优劣还需要从历史追溯其发展的路径。1978年开始的经济体制改革以财政体制改革为主要切入点，财政体制改革经过了从分级包干财政体制到分税制财政体制的过程。分级包干财政体制是十一届三中全会以来我国开始实行经济体制改革到1994年实行分税制财政体制之前所实施的财政体制的总称。1980年、1985年、1988年，地方财政体制进行了三次重大的改革与调整。它们共同的特点是，在划分收支的基础上，分级包干，自求平衡，所以俗称分级包干制，或称“分灶吃饭”体制。

1.1980年的调整

1980年2月，国务院颁发了《关于实行“划分收支、分级包干”财政管理体制的暂行规定》，决定除京津沪三个直辖市外，其余地方均实行形式各异的“分灶吃饭”办法。其要旨是，对收入进行分类分成，划分固定收入、固定比例分成收入和调剂收入三类，财政支出主要按照企业和事业单位的隶属关系进行划分，地方财政在划分的收支范围内多收可多支，少收则少支，自求平衡。视各地情况的不同，当时实行了四种“分灶吃饭”的办法。

1983年，在总结前三年实践经验的基础上，又对“划分收支、分级包干”体制做了如下调整：①除广东、福建两省外，其他省、市、自治区一律实行收入按固定比例总额分成的包干办法。②将中央财政向地方财政的借款改为调减地方的支出包干基数。③将卷烟、酒两种产品的工商税上划

---

① 本节参考了钟晓敏(2006)的部分内容，特此致谢。

中央，以限制其盲目发展。④中央投资兴建的大中型企业收入归中央；中央与地方共同投资的，按投资比例分成。⑤县办工业企业的亏损由二八分担办法（中央财政负担 80%，县财政负担 20%）改为中央和县财政各负担一半。

2.1985 年的调整

伴随着财政体制的变革，我国于 1983 年和 1984 年相继推行了第一步和第二步的利改税。这使分配关系发生了新的变化。于是，从 1985 年起开始实行“划分税种、核定收支、分级包干”的办法。该办法在以下两个方面对原先的“分灶吃饭”体制做了改进：一是基本上以第二步利改税后的税种设置作为划分收入的依据，收入分为中央税、地方税和共享税三类；二是重新核定基数，地方财政支出基数按照 1983 年的既得财力确定，地方财政收入的包干基数以 1983 年的决算收入数为依据。凡地方固定收入大于地方支出的，定额上缴中央；地方固定收入小于地方支出的，从中央、地方共享收入中确定一个分成比例，留给地方；地方固定收入和中央、地方共享收入全部留给地方却还不足以抵拨支出的，由中央定额补助。收入的分成比例或上缴、补助数额确定后，五年不变。地方多收可多支，少收则少支，自求平衡。

3.1988 年的调整

从 1988 年起，配合国有企业实行的承包经营责任制，财政体制又一次进行了比较大的改革，全方位地推行财政承包制。全国 39 个省、自治区、直辖市和计划单列市，除广州、西安两市的预算关系仍与广东、陕西两省联系外，其余的 37 个地区分别实行了六种不同形式的财政承包制。

上述各种办法，除总额分成外，其余各种办法都有一个共同特点，即地方可以从增收或超收中多留，这样就调动了地方特别是上缴比例大的地区的积极性，保证财政收入的稳步增长。具体情况如下：

第一，收入递增包干。以 1987 年的决算收入和地方应得预算支出作为基数，参照各地区几年的收入增长情况，确定各地区的收入递增率（环比）和地方留成、上缴比例；在递增率以内的收入，按确定的留成、上缴比例，实行中央与地方分成，超过递增率的收入，全部留给地方，收入达不到递增率而影响上缴中央的部分，由地方的自有财力补足。实行这种办法的有北京市等 10 个省（市）。

第二，总额分成。根据各地区前两年的预算收支情况核定收支基数，以地方支出占总收入的比重，确定地方留成、上缴中央比例。实行这种办法的有天津市等 3 个省(市)。

第三，总额分成加增长分成。以上年实际收入作为基数，基数以内部占总额分成比例分成；实际收入比上一年增长部分，除按总额分成比例分成外，另加增长分成比例。实行这种包干办法的地方有大连等 3 个计划单列市。

第四，上缴额递增包干。它以 1987 年上缴中央的收入为基数，每年按照一定比例递增上缴。实行此种包干办法的有广东、湖南两省。

第五，定额上缴。按原来核定的收支基数的收入大于支出的部分，确定固定的上缴数额。上海、山东等 3 个地方实行这种办法。

第六，定额补助。按原来核定的收支基数的支出大于收入的部分，实行固定数额补助。

对上述各种类型的财政承包制，有一点需要补充说明，即各种类型的包干基数均不包括中央对地方的专项拨款。在每年预算执行中，这部分财政资金根据专款的用途和各地的实际情况另行分配。

4. 总结

应当肯定，1980 年起实行的“分级包干”体制是国家财政管理体制的一次重大改革，实现了财政体制由三十年来实质上的“统收统支”到“分灶吃饭”的大转变。以后的每一次调整则是对原体制的逐步完善，对扩大地方财政自主权，进一步调动地方各级政府当家理财积极性，更好地体现权责利(权力、责任和利益)相结合的原则，对促进地方经济建设和社会各项事业的协调发展发挥了重要作用。

分级包干的财政体制是在计划经济体制向市场经济体制转轨过程中出现的。中国的经济体制改革初始目标还不是否定计划经济体制，而是要完善计划经济体制，提高计划经济体制下的经济绩效，所以改革开始的时候并没有以市场经济为取向。对计划经济体制进行调整的主要内容就是适当分散财政，调整“条条”分配和“块块”分配的关系，发挥地方和企业两个积极性，而分级包干体制确实做到了这一点。它打破了旧体制“统”得过死的局面，通过适当分散财权，使地方具有了相对独立的利益，使地方有了发展本地经济的内在动力和能力。与此同时，地方政府为了获取更多的地方利益,表现出了更强的机会主义倾向。预算外资金大幅度增长是地方机会主义倾向的主要体现。随着经济体制改革的不断深入,市场经济因素不断增多,市场经济呼唤法制和规范性的内在要求,单纯放权让利的非规范性体制已经不适合市场经济的发展,财政体制又面临着巨大的变革。1993 年的"分税制"改革,便是在这个背景下产生的。

第四节 现行财政体制——分税制

一、分税制设立的理论依据

1.厘清中央政府与地方政府的职责

中央政府需要集中控制财权和较高程度的财力,以提供全国性的公共产品,提供具有跨地区外部效应的混合产品,进行全国范围内的收入再分配,制定具有全局性的税种的课税权,制定涉及总量平衡或大的经济结构调整、经济调控与经济发展的事项以及实施重大产业技术政策等。地方政府的职责是提供地方公共服务,制订和实施地区性经济社会发展计划,实施区域性产业技术政策,充分利用地区优势,促进地区经济发展。按照这一原则,需要对税种的归属进行调整,譬如收入再分配功能较强的税收适宜于划给中央,收入再分配功能较弱的税种适合于作为地方的收入来源。根据事权与财权结合的原则,按税种划分为中央与地方收入。将维护国家权益、实施宏观调控所必需的税种划分为中央税。关税,包括进口关税和出口关税,体现了一个国家的主权,适宜于由中央政府统一管理,应该划归中央政府。将同经济发展直接相关的主要税种划分为中央与地方共享税。将适合地方征管的税种划分为地方税,充实地方税税种,增加地方税收收入。分设中央与地方两套税务机构,中央税务机构征收中央税和中央与地方共享税,地方税务机构征收地方税。

2.公共产品的受益范围与成本的承担范围相一致

公共产品的一个重要特性是其受益范围具有一定的区域性,这一特性为划分中央与地方政府间提供公共产品上的分工提供了依据。包括国防、外交、全国性的行政和司法体系等全国性的公共产品由中央政府提供。地方的环境治理、社会基础设施、治安、行政管理等地方性公共产品由地方提供。具有外溢性的地方性公共产品由中央和地方共同分担。某项公共产品属于地方政府职责范围,但由于其经济、社会效益的外部性,使其成本与收益涉及其他地方政府辖区,因此由中央政府帮助协调,有关地方政府协作承担。对于地方性公共产品而言,由地方政府供给比中央政府供给更有效率,原因在于地方政府掌握了信息优势。公共物品的层次性决定了地方公共物品只能由地方政府供给。

3.税收的良好运行和征收有赖于成本效益的权衡机制

通常,课税对象在区域间流动性较大的税种,适宜于划给中央。譬如个人所得税是一种具有较强再分配性质的税种,而且课税对象具较强的流动性,所以应由中央政府征收,或者采取主要由中央政府征收的方式。单一环节的销售税各级政府都适合征收。增值税是多环节征收的,各地区税率或税基不同,征管更加困难,因此应该由中央政府来征收。企业所得税的征收对象也具有较强的流动性,由中央政府征收更具有效率性。课税对象在区域间的流动性较小的税种,譬如营业税不具有再分配性质,而且税源分散,若划归中央政府,则管理成本高,所以应该划为地方收入。财产税的征收对象,如房屋具有不可流动性,且税源分散,核查困难,由地方政府征收更符合效率要求。

二、分税制体制构成

1.中央与地方的税收收入分配

①中央固定收入:关税、海关代征的消费税和增值税、中央企业所得税、地方银行和外资银行及非银行金融企业所得税,以及铁道部门、各银行总行、各保险总公司等集中缴纳的收入(包括营业税、所得税、利润和城市维护建设税)和中央企业上缴利润等。

②地方固定收入:营业税(不包括铁道部门、各银行总行、各保险总公司等集中缴纳的营业税)、地方企业所得税(不含上述地方银行和外资银行及非银行金融企业所得税)、地方企业上缴利润、城镇土地使用税、个人所得税、固定资产投资方向调节税、城市维护建设税(不含铁道部门、各银行总行、各保险总公司等集中缴纳的城市维护建设税)、房产税、车船使用税、印花税、屠宰税、农牧业税、农业特产税、耕地占用税、契税、遗产和赠予税、土地增值税以及国有土地有偿使用收入等。

③中央与地方共享收入：增值税，中央分享 75%，地方分享 25%；资源税，按不同资源品种划分，海洋石油资源税作为中央收入，其他资源税收入划分为地方收入；证券交易印花税，最初中央和地方各得收入的 50%，2002 年改为中央得 97%，地方得 3%。比较大的改革有 1997 年对证券交易印花税和金融保障营业税分享比例的调整，2002 年对企业所得税和个人所得税分享比例的调整，2004 年对出口退税负担比例的调整以及 2008 年对跨省市总分机构企业所得税分配办法的调整等。

2.中央与地方政府间的转移支付

按照 1994 年分税制改革，中央和地方之间的收入分配格局发生了一定的变化，总的来看是地方收入净上划中央。中央财政收入除了中央支出外，很大一部分用于转移支付。一般转移支付包括：①中央委托事务专项补助；②共担事务专项补助；③鼓励性或奖励性专项补助；④区域开发或特殊政策目标的专项补助；⑤其他专项补助。

3.定额补助和税收返还

分税制在重新划分中央财政收入与地方财政收入的基础上，相应地调整了政府间财政转移支付数量和形式，除保留原体制下中央财政对地方的定额补助、专项补助和地方上缴外，根据中央财政固定收入范围扩大、数量增加的新情况，着重建立了中央财政对地方财政的税收返还制度。为了减少分税制改革的阻力，采取了保证地方政府既得财力的方式，具体做法是将净上划中央的收入以税收返还的方式返还给地方。

4.中央政府无经费式指令性项目

这一项目即所谓的"中央请客，地方埋单"，中央政府部门往往利用自身的权威地位，用通知、文件等方式，把一些理应中央全部或部分承担的事权要求地方出全部或配套的资金。譬如农村义务教育经费保障问题，包括诸如全部免除学生学杂费、对贫困家庭学生免费提供教科书并补助寄宿生生活费、中小学公用经费、校舍维修、教师工资保障等事宜，都是由中央政府发出政策文件的。

三、地方政府收入构成

1994 年分税制的实行确定了各级地方政府现有的收入构成。地方财政收入大致可以划分为预算内收入、预算外收入和制度外收入。按国家财政部的财政收入决算统计口径，地方财政收入也可以划分为税收收入、非税收入、中央税收返还和转移支付、费收入、地方债务收入、其他收入等。

1.税收收入

税收收入是按照分税制规定，由地方单独征收管理的税收收入，以及地方与中央共享的税收收入中归地方的部分。

2.非税收入

非税收入(包括专项收入、行政事业性收费、罚没收入和其他收入)是地方政府收入的重要组成部分，是政府参与国民收入分配和再分配的一种重要形式。它指的是各级国家机关、事业单位、社会团体以及其他组织，依据有关法律、行政法规的规定，履行管理职能、行使国有资产或者国有资源所有权、提供特定服务或者以政府名义征收或收取的税收以外的财政性资金。

分税制改革后，各级地方政府的非税收入一直保持着逐年增加的趋势。近期总量的快速扩大，非税收入已经出现了一系列的问题。很大一部分非税收入游离于预算之外，各级地方政府公布的非税收入数据并非涵盖所有的非税收入。比如，最近几年占地方政府财政收入中很大一部分的土地出让金收入。政府从农民手里买地再售给房地产商，从中获取巨大差额等“土地财政”问题近年来广泛引起关注。

3.中央税收返还和转移支付

具体内容如前所述，中央财政收入除了中央本级支出外，基于一定的规定重新划拨给地方的财政收入。

4.费收入

地方政府收费包括规费、使用费、环境保护费和纠纷调解费。规费指政府部门为公民个人或单位提供某些特定服务或实施特定行政管理所收取的工本费和手续费。如工商执照费、商标注册费、户口证书费、结婚证书费、商品检验费等。使用费指政府部门对其供应的公共设施或国有资源按一定标准收取的费用，如高速公路使用费、沙石费等。环境保护费是政府为了维护、治理和保护人类社会的自然环境而对有污染、损害、侵蚀环境行为的单位和个人所收取的费用。纠纷调解费是国家机关在处理公民、法人和其他组织间民事或经济纠纷时，为调节当事人之间权利义务关系而收取的费用。

5. 地方债务收入

最初国家不允许地方公共财政举债,但地方政府往往通过一定的手段形成准地方公债。许多隐形的政府借贷行为,早已在各地普遍存在。

6. 其他收入(财产和经营收入)

地方政府将地方国有企业的产权和经营收入留存在企业内。

四、地方政府间的财政体制

1994 年我国正式实施分税制财政体制改革,改革试图在既定的政府职能以及各级政府职能划分的前提下,基本上以税种来划分中央政府与地方政府的财权和收入。在中央政府与省级政府之间的收入划分确定以后,省级政府又与省级以下的地方政府实施了划分收入的分税制财政体制。在这种"双层"的分税制下,由于政府的事权以及各级政府的事权划分未能予以规范,由于"分税制"财政体制改革的发动者是上级政府,下级政府没有多大的发言权。结果是:①在与下级地方政府划分财权和收入时,上级政府是以既按税种又按企业隶属关系这种不规范的方式进行的。这样,上级政府往往是把好的税源、稳定可靠的税种的征收权掌握在自己手中。②政府的事权以及各级政府之间事权划分的不规范,使得上级政府常常将支出的责任以行政命令的方式安排给下级政府。③县级财政没有独立的税种收入,财政收入无保障。目前,全国绝大多数地方财政特别是省级以下地方财政困难是一个不争的客观事实。[①]

五、分税制的实践效果

1994 年进行的税制改革将中国的税收收入分为中央收入和地方收入两大类,其中中央收入占据了税收收入的大头。以 2008 年为例,全国财政总收入 61330.35 亿元,占全国 GDP 的 21.4%,其中,中央本级收入 32680.56 亿元,占全国财政收入的 53.3%;地方本级收入 28649.79 亿元,占全国财政收入的 46.7%。但 2008 年中央税收返还和转移支付达到 22990.76 亿元,地方上缴中央收入为 946.37 亿元,相当于中央财政收入

① 张爱龙:《关于解决地方财政困难若干问题的认识》,《前进》2003 年第 7 期。

的68.4%和地方本级支出的46.7%。[①] 从而使中央财政可支配收入调整为10636.17亿元，占2008年全国财政收入的比重为17.34%；地方财政可支配收入达50694.18亿元，占2008年全国财政收入的比重达到82.66%，上升了35.96%。从财政支出来看，全国财政总支出62592.66亿元，其中，中央本级支出13344.17亿元，占全国财政支出的21.3%，出现了2708亿的财政赤字，后调入中央预算稳定调节基金1100亿元，实际财政赤字为1608亿元；地方本级支出49248.49亿元，占全国财政支出的78.7%，出现了1445.69亿元财政盈余。2015年中央对地方税收返还和转移支付预算数为55918亿元，比2014年执行数增加4208.65亿元，增长8.1%。此外，还动用以往年度结转资金845亿元。[②]

1.中央与地方财权与事权的“剪刀差”

1994年的分税制财政体制改革，是基于中央应该集中财权与财力以更好地实现国家意志的价值取向进行的。这一制度目标，是通过中央与地方财权与事权的“剪刀差”产生的中央财政“结构性剩余”和地方财政“结构性赤字”而得以实现的。这一财政体制改革成功地实现了提升中央“两个比重”的既定目标，为更好地实现中央的各项意志和职能提供了财政支撑。在财政收入下降的同时，地方政府所要承担的事权并没有相应减少，这直接导致了分税制改革后地方政府事权与财权的不一致。例如1994年分税制改革后，中央与地方的财政收入比例约是7∶3，但地方政府支出却占60%，中央政府支出只占30%左右。中央政府将义务教育责任地方化，导致地方政府出现了财政缺口。

2.对地方政府的行为偏好的影响

1994年分税制改革中央集中了几乎所有税种的征税权，地方政府只有支配少量税种的权力，而且这些税种的收入少得可怜，有些甚至在全国范围内停征了。由于地方政府基本没有税收自主权且又不允许乱收费，其财政收支平衡很难维持，在这样的分配比例下，地方政府为了维持正常运转以及追求升迁(衡量政绩的主要标准实质上是GDP)，自然就要找一

---

① 刘志广:《中国地方政府财政收入来源及其规模》,《地方财政研究》2010年第4期。

② 新华社:《关于2014年中央和地方预算执行情况与2015年中央和地方预算草案的审查结果报告》,新华社2015年3月9日发布。

些赚钱的门路。很多地方政府将土地出让金作为财政收入的救命稻草，地方很自然地选择土地财政。房地产就这样成为地方政府主要依靠力量。近几年的土地出让金就是地方政府最大的一桶金，也使地方政府在房价调控中处于尴尬的地位，既要稳定民生调控房价，又无法放弃土地出让金的巨大诱惑。地方政府最大的一块预算外收入是土地出让金。中国指数研究院 2010 年 1 月 8 日发布报告称，2009 年全国土地出让金总金额达 1.5 万亿元。中国 70 个大中城市土地出让金共计 10836 亿元，比 2008 年增加 140%，比 2007 年增加 49%。杭州和上海成为土地出让金超过千亿元的两个城市，其中，杭州市（包括余杭、萧山）土地出让金高达 1054 亿元，位居全国第一，超过了地方财政收入。北京以 928 亿元排名第三，天津 2009 年土地出让金收入 732 亿元，仅次于北京[①]。除了严重依赖土地财政，由于税收项目雷同，并且税收中增值税和企业所得税占据主体地位，所以各地如果要增加自身的收入，就必须以发展企业为主。这就决定了各地区把招商引资工作作为当地的首要工作。特定的税制结构已经决定了官员的行为模式。从支出角度看，由于财政收入的增加和经济增长，官员自身的利益存在内在的一致性，因此地方政府会在支出中重点安排有利于经济增长的部分，也就是围绕经济建设来做预算，同时，财力与事权不对称的纵向财政失衡可以通过转移支付来解决，地方政府收入中的大部分资源来自上级的转移支付，因此，争取上级资源成了地方政府的首要任务。于是地方政府就有了强大的动机来建设政绩工程和形象工程，而大量有利于社会福利和未来经济发展的项目，比如教育、医疗、环境、创新等，就会被轻视。

3.造成县、乡等低级地方政府税收不稳定

分税制虽然较好地调整了中央与省级财政之间收入与支出的关系，但对省级以下财政体制的改革却一直未做出明确规定，省以下各级政府的收入划分由省政府自行决定，这就在制度上留下了一个缺口。省以下各级也大都采取了类似的集中财力的做法，对此，中央对省以下层层集中财力的现象也给予了默认。在利益驱动下，分税制造成的收入上收的效应就难免在

① 中国指数研究院：《2009 年全国土地出让金达 1.5 万亿元》，http://news.xinhuanct.com/fortunc/2010-01/10/content_12784141.htm，2010-01-10/2015-10-10。

各级政府间层层传递。有人戏言,分税制造成了"中央财政喜气洋洋,省市财政勉勉强强,县级财政拆东墙补西墙,乡镇财政哭爹叫娘"。县、乡两级政府要支持地方经济发展,要承担义务教育、区域内基础设施建设、社会治安、环境保护以及行政管理等多种责任。目前,地方税种除营业税、所得税外,均为小额税种,县、乡级财政无稳定的税收来源,收入不稳定。特别是税费改革后,基层政府财力萎缩,全国大部分地方出现了县乡财政困难。2003年,全国2938个县级单位中,有974个县实际人均财力低于基本支出需求,约占县级单位数的1/3。其中,人均财力低于工资性支出的县有291个;人均财力低于工资性支出和公用经费之和的县有362个。①

4.制度的不规范

应该承认,分税制的出台主要是为了解决当时最困难的问题,所以缺乏一揽子的统筹安排,并没有对事权和财权的划分在各级政府间进行调整,因此,分税制尚存在许多制度不尽规范、不尽系统之处,主要表现:一是事权和支出范围越位。中国现行的法律体系没有对什么是"地方性事务"做出明文阐释,到底哪些是地方的"独享权力""专属事务",哪些是与国务院及其各部门的"共享权力"和"同担事务",地方与中央同享权利的划分比例,都不是很明晰。正是由于目前实施的分税制没有重新界定政府职能,各级政府事权维持不甚明确的格局,存在越位与错位的现象。二是从权力结构上,上下级政府间职责同构、授权不清。② 分税制改革在制度上承认了地方政府具有一定的财政自主权,但这种分权并不是正式的法律制度,而是运用非正式的、不稳定的制度性管理来维系的"行政性分权模式"。三是省以下分税制财政管理体制不够完善。主要是地方各级政府间较少实行按事权划分财政收支的分权式财政管理体制。四是转移支付不规范。我国现行转移支付制度存在一些缺陷:政府间财政资金分配因保留包干制下的上缴、补助办法,所以基本格局未变;采用基数法实行税收返还不合理;中央对地方专项补助发放的条件、程序、使用管理无法可依;地方政府之间如何转移支付不明确。这些年来,中央对地方转移

---

① 杨志勇、杨之刚:《中国财政制度改革30年》,格致出版社、上海人民出版社2008年版,第48页。

② 朱光磊、张志红:《"职责同构"批判》,《北京大学学报》(哲学社会科学版)2005年第1期。

支付的财政投入逐年增加,从 2000 年的 800 亿元增加到这两年来的 4000 多亿元。而对这几千亿元的资金,却只有一个行政色彩非常浓厚的《过渡期财政转移支付办法(1999)》来管理。现行财政转移支付的弊端的产生,正是因为缺乏透明、规范、科学的法治环境。

5.地区间横向财力不均衡

地区间包括省际和省内。中央政府集中大量财力,目的之一是使用转移支付手段加强宏观调控,均衡地区间的公共服务提供水平。但是部分收入以 1993 年为基数返还给了地方,反而固化了原有的财力格局。随着财力的增长,近几年原体制返还的影响有所淡化,专项转移支付在增加。专项转移支付正渐渐呈现刚性化趋势,对基层财政的工资转移支付就是一个例子。因此,虽然中央财力连年增长,实际可用于均等化转移支付的财力却有限,中央的调控能力大大受挫,地区间横向财力不平衡逐渐加大。地区间财力不均衡固然有最重要的区域经济发展差异的原因,但从财政角度来说,体制设计之初基数法固化下来的不平等和接下来调控中的无力显然加剧了这一问题。

总而言之,分税制改革是基于中央财政汲取能力相对下降的现实,在中央应该集中财权与财力以更好地实现国家意志的价值取向下进行的。这一政策目标,是通过中央与地方财权与事权的“剪刀差”而产生的中央财政“结构性剩余”和地方财政“结构性赤字”得以实现的。为弥补地方的财政缺口,中央政府设计了“转移支付制度”,该制度在照顾地方已有的利益格局的同时,实行“抽肥补瘦”方针,以实现财政平衡、公平和效率。但是,社会主义初级阶段的国情决定了我国在财力分配问题上“僧多粥少”的状态,无法根本缓解由于事权与财权分离所造成的地方财政困难。这种非帕累托改进不仅使得被“抽肥补瘦”的发达地区产生相对被剥夺感,也使得欠发达地区常常抱怨来自上级政府的财政的“阳光雨露”太少。同时,现阶段地方政府发展地方经济社会的目标,和谐社会建设的巨大的成本需求,矛盾集中凸发的社会转型时期繁重的财政支出的事项,政绩考核内容的内在要求等,更使得地方政府普遍处于“财政饥渴”的状态。地方的“财政饥渴”产生的逆向激励机制为地方政府寻觅非制度的敛财预制了强大的动机。当他们无法通过正常途径解决问题时,他们会本能地利用非规范竞争的方式来谋取地方及其代理人的利益。

第五章　行为选择的生成机制

改革开放以来,我国的体制、社会结构和社会形态正经历着深刻转型,地方政府与整个体制以及地方社会的关系也在发生深刻的变化。随着市场化和放权让利取向的改革不断推进,自身独立的利益意识已经日益苏醒和强化的地方政府,与中央政府在目标函数、价值偏好和利益取向上的差异逐渐显性化和具体化。由于宏观政治制度环境所形成的必须由中央相对集中财力和财权的刚性要求,以及现实政治中中央政府对财政分配上的控制力的高度重视,地方政府必须尊重、贯彻执行中央的意图和正式规范的相关要求。一方面要有效地实现自己的利益诉求,另一方面又深刻受制于正式的规约、律令、程序、原则和意识形态要求等方面,行为主体的行为是由其利益考量和外在制度约束共同决定的。特定的制度环境,为地方政府利益追求提供了一个弹性的行为空间,地方政府可能利用这一空间,运用模糊、潜规则、非程序或阳奉阴违等非规范竞争策略,以求摆脱或规避正式的制度、规约、程序和原则要求等方面的约束,实现自身利益诉求。

地方政府的非规范竞争行为就本身而言,可以理解为在特定的情境下地方政府的一种理性的选择。需要的是对这种行为选择的学理分析。我们认为特定的情境条件下所形成的内在动力、激励机制、约束条件和弹性的行为空间这四组关键变量的组合,构成了这一竞争行为的生成机制。

第一节　内在动力

经济学家乔治·施蒂格勒将竞争定义为:“竞争系个人(或集团或国家)间的角逐:凡两方或多方力图取得并非各方均能获得的某些东西时,

就会有竞争。"[①]这个定义强调了竞争存在于不同利益诉求的行为主体中和竞争对象的稀缺性。现阶段我国央地政府间产生财政资源的竞争符合这两个假设的前提。具体地说：

第一，市场化取向的改革以来的制度变迁中，地方政府在整个社会政治经济体系中的主体地位也发生了一些变化，一方面他们仍然是中央政府在一个地区的行政代理人，仍以完成政治任务、发挥政治职能、追求政绩最大化为目标。另一方面，地方政府及地方官员的自身利益在一定程度上也被激活，地方政府作为地方经济利益的代表，逐渐具有了独立的行为目标和行为模式。应该看到，人的行为动机是一个多元复杂的结构，意识形态、信仰、家庭、经历、教育、种族、宗教、国家等都是影响个人动机的重要因素。西方经济学的"经济人"范式和公共选择理论的政府自利性假说虽存在相当大的偏颇，但不可否认，在现实生活中，利益不可避免的依然是个人效用函数中最重要的变量，因而我们必须充分考虑到自利动机对官员从事各种行为的影响。改革开放以来，我国地方官员逐渐具有双重特征：一方面是"经济参与人"，即像任何经济主体一样关心经济利益，包括本地区、本部门和个人的经济利益，行政和财政的"放权让利"改革强化了这一经济动机；另一方面也是"政治参与人"，他们关注政治晋升和政治收益，实际上追求的是自身特定的效用目标和行政目标。他们关注本地区、本部门的政治利益、政绩和形象工程，关注个人的政治前途、职位晋升等。地区经济发展了，才能为地方财力提供基础，为地方政府实现其劳动就业、社会福利、改善公共环境、维持地区社会稳定等目标创造条件，也为地方官员的职位升迁等提供了机会。地方政府官员在追求独立利益最大化的情况下，就有可能利用自己的"代理资源"与中央政府讨价还价，诱使其做出对自己有利的制度安排；或者利用中央政府的授权，在满足自身利益最大化的限度内理解和贯彻上级要求实施的制度规则。

第二，财政"犹如政府生命之血液"，具有高度的稀缺性。财政是各级政府运作和施政的基本条件，而中央政府动员财力的能力是国家权力的基础，这不可避免地导致了央地政府间在财政领域及与之相关的职责领

---

① 乔治·施蒂格勒：《新帕尔格雷夫经济学大辞典》（第 1 卷），经济科学出版社 1996 年版，第 477 页。

域存在着广泛的竞争关系。无论是财政包干还是分税制,都不仅强化了地方政府的经济利益和财政自主权,而且使得财政竞争的主体得以形成,特别是分税制改革使得地方政府拥有了剩余财政收入的控制权,从而拥有了财政竞争的重要经济来源,使地方政府的各种利益与地区经济发展的相关性大大提高。

政府经济行为总要受其偏好或者目标函数的制约,目标函数的不同,也就有不同的行为选择,一般而言,中央政府不仅要考虑国家经济的增长,全体国民福利水平的提高,而且还要考虑中央政权的稳定,国家税收的增加。经济体制转型中,在利益主体及其代表组织的分化与重组,其利益实现方式重新确立、利益关系重新耦合的过程中,地方政府尽管没有合法的市场主体地位,却在相当程度上从传统的行政隶属关系中摆脱出来,成为事实上的经济主体。相对于以社会经济福利最大化为己任的中央政府而言,地方政府有其独立的经济私利,地方政府考虑的往往是本地区经济的发展和对本地区经济的管理权和处置权,并且具备了与中央政府讨价还价的能力,进而成为独立的经济博弈主体。这样,中央政府与地方政府因为在目标函数、价值偏好方面的差异,就不可避免地存在某些矛盾。特别是由于财政资源的稀缺性和各个利益主体之间的利益诉求,导致在财政领域及与之相关的职责领域,地方政府与中央政府进行竞争的内在动力不断强化。

总之,改革开放以来的市场取向的改革使地方政府有了谋求自身利益的空间和动机。此时,地方政府不仅是国家意志的代理人,也是谋求自身利益的行动者。当然,必须看到:总体上,中央政府与地方政府的合作,以及地方政府对中央政府的服从,仍然是央地关系的主要方面。首先,由于中央政府的力量非常强大且具权威性,而博弈的其他方相对处于一个被动和从属的地位,这就决定了中国经济体制转型是一个在中央政府控制和引导下的长期过程。其次,中央政府与地方政府的目标函数仍然呈现出总体一致的态势。地方政府之所以追求 GDP 最大化,是因为这个目标是中央政府的意志与地方政府的利益相互交汇之处。

第二节　激励机制

中国作为一个后发现代化国家,政府在现代化中一直发挥着主导作用。市场经济的发展把所有的地方政府都卷入到经济增长的竞争中。为了充分调动地方政府发展地方经济、推动体制改革的积极性，中央政府持续性地推行了权力下放的行政体制改革，对地方政府官员的考核也越来越偏重于地方经济发展绩效所显示的政绩。上下级政府之间的关系，由此越来越具有了政治总承包的意味，即只要下级政府能够在经济发展上创造出良好的政绩，并完成上级下达的各种任务指标，上级政府通常很少干预下级政府的具体行为选择。

为了加快经济的发展和现代化目标的实现，国家和政府力求将权力渗入到社会的各个角落，以尽可能地动员一切社会经济和政治资源。这种后发的赶超型发展战略的实施，往往都是以压力型体制作为制度支撑的。压力型体制一般指的是"一级政治组织为了实现经济赶超，完成上级下达的各项指标而采取的数量化任务分解的管理方式和物质化的评价体系"。[①] 从本质上说，它是指上级党的组织机构及行政部门为其下级部门及个人分配任务、设定指标并要求其在规定时间内完成的体制。在压力型体制中，上级行政机关制定各项经济社会发展目标，并加以具体化和数字化，以指标和任务的形式分派给各个下级行政组织，并以这些指标、任务的完成情况作为评价、考核的主要依据，对下级行政机关进行政治和经济方面的奖惩考核，有的甚至采取"一票否决制"。由于下级行政机关官员的升迁、奖惩、工资福利同完成上级下达指标的情况挂钩，他们承受着来自上级行政机关的巨大压力，这促使他们全力以赴去完成这样要求。

地方政府希望谋取更多的地方财政利益，这一内在的动力得到不断滋长和强化激励的原因还在于外在激励机制。现阶段中国基本国情和主要矛盾，超大型国家社会转型的宏观背景，矛盾集中凸发与和谐社会建设巨大的成本需求，以保障和改善民生为重点的社会建设所要求的繁重的财政支出，都进一步激励中央政府集中财权和财力、提高国家的税收汲取能力。与此同时，地方政府发展地方经济社会的目标和民生事业的繁重任务，政绩考核内容的内在要求，以及最大化的实现地方政府及其代理人的利益的诉求，也使得地方政府总是竭尽全力地增加财政收入，追求自身更加独立的财力和财权。当然，地方政府的财政收益最大化目标，从某种

---

① 杨雪冬：《压力型体制：一个概念的简明史》，《社会科学》2012 年第 11 期。

意义上讲，也是“压力型体制”传递给地方政府的任务，因为发展是硬道理，发展是第一要务，发展是合法性的根本来源，这是中央要完成的任务。

1994年实施的分税制财政体制改革，是基于中央应该集中财权与财力以更好地实现国家意志的价值取向下进行的。这一制度目标，是通过中央与地方财权与事权的“剪刀差”[①]产生的中央财政“结构性剩余”和地方财政“结构性赤字”而得以实现的。这一财政体制改革成功地实现了提升中央“两个比重”的既定目标，为更好地实现中央的各项意志和职能提供了财政支撑。中央集中的财政资源，在照顾地方已有的利益格局的同时，实行了“抽肥补瘦”方针，通过“转移支付”方式重新在地方进行再分配，以促进各区域公共服务水平的均等化。然而，我国社会主义初级阶段的国情决定了在财力分配问题上的“僧多粥少”的状态，无法根本缓解由于事权与财权分离所造成的地方财政困难。这不仅使得被“抽肥补瘦”的发达地区产生相对剥夺感，也使得欠发达地区常常抱怨来自上级政府的财政的“阳光雨露”太少。地方政府的对财政资源的倚重与分税制改革后的“财政饥渴”状况，为地方政府寻觅非制度的敛财预制了强大逆向激励机制。

第三节　弹性的行为空间

如前所述，行动者的个别利益与其他利益主体之间存在着利益上的冲突，只是为机会主义行为的产生提供了前提或者说可能。机会主义由可能转化为现实，还需要其他因素的参与。特定的制度环境，为地方政府利益追求提供了一个弹性的行为空间，地方政府可能利用这一空间，采取机会主义倾向。地方政府在财政分配关系上的非规范竞争行为，就其本质而言，是在软化了的制度环境约束下，央地政府间不同效用函数之间的冲突的异化。

大体而言，弹性的行为空间包括如下方面：

---

① 本句借用“剪刀差”一词，来形容分税制改革形成了财力向上集中而公共服务、社会管理的义务和责任逐级下放逆向运动的局面。

一、超大型社会组织控制的特点所导致的中央政府对地方政府的控制方式，产生了“行政集权”体制规范和“地方实权”的运作实际

我国的地方政府隶属于国家，在行政上不具有相对独立性；地方行政组织也属于国家行政组织的范畴，本身没有独立的行政事务。然而，中央政府的政策必须依靠多级地方政府来贯彻执行，同时，中国的超大型国家管理的国情和转型期的特殊情境，往往因为中央政府的信息劣势和监督成本，不可能自如地控制和监督地方。从横向划分的角度来看，中国的权力集中程度很高，几乎各项事权都由中央政府做出决策；但从纵向划分的角度来考察，中国的分权程度又很高，每一项事权的履行几乎都离不开地方政府。这就造成地方政府实际上拥有广泛的政策执行的自由裁量权，形成了“行政集权”体制规范和“地方实权”的运作实际杂糅并存的局面。这样，当中央政府的政策与地方利益冲突时，拥有不对等的事权责任以及过大的行政自由裁量权的地方政府，就有可能利用与中央信息不对称的条件，搞起“上有政策，下有对策”的游戏。

二、由于官僚制内部一般都存在唐斯所说的“控制衰减法则”，组织越大，对组织人员的行为施加的控制就越脆弱

伴随着改革过程中人、财、物权的下放，地方政府在拥有了更多的责任和义务的同时，也具有了更多的信息优势。这种优势不仅在于地方政府更接近信息源，还在于中央政府所需信息主要也要由地方政府及其职能部门提供。在这样规则不稳定甚至没有规则的条件下，地方政府便充分利用自己对辖区的信息优势，利用中央政府与自己在财权、财力与事权方面的信息严重不对称，有可能与中央政府玩起老鼠与大象“捉迷藏”的游戏。

三、增量改革模式的影响

改革开放以来，为适应经济和社会发展的实际需要，中央启动了非制度化的放权让利改革，传统的中央全面集权体制有所松动，地方政府获得了一定的自主权力空间。渐进式改革所特有的制度边界和制度约束的长期不清晰，以及现行的非制度化放权所实行的区别对待原则，以及各地政

策优惠不同，都使地方政府间的权力和利益配置出现严重不均衡，导致了地方政府之间的不公平竞争状态，这就助长了地方政府的“跑部前进”和“打擦边球”等机会主义政绩观的出现。

四、法律制度尚不健全

正是由于政府间尚未形成法律化、制度化的职责和权限的分工体系，中央政府在放权的过程中并没能建立起对地方政府行为的新的有效控制机制，拥有越来越大的行为自主性的地方政府基于自身的理性选择，往往会有意无意地扩大自身的权限，规避上级政府的控制，使中央政府与地方政府各自的职权很难切实有效地实施。其结果是一方面中央可以干预地方，使地方政府能有效履行自己的职权，另一方面，地方政府打“擦边球”，越权和变通，使中央的政令难以落实，这种情况，大量存在于当下的政府实际运行中。

五、转型时期出现了“体制摩擦”和“制度失范”、财政制度规范和实际运行的“悖论”等状况

前文已经分析了处于改革和转型进程中“体制摩擦”和“规范缺失”状况，分析了当前我国财政分配关系中的政府间竞争面临的情境是：正式制度供给不足，已有的正式制度过于原则性，配套性和操作性较差；中央集权与地方事实上的分权杂糅并存，制度边界和制度约束的模糊和混乱；中央政策调整对中央与地方利益关系的功能与作用已呈递减态势；现行的某些相关制度存在缺陷或者约束力不强，而新的行之有效的控制手段没有真正建立，以及绩效评价困难和监督机制难以健全等。这种规则不稳定甚至没有规则的环境条件，为地方政府最大限度地扩张自利性行为选择提供了充满弹性的空间。

六、“财政分权”体制及其运行实际

分税制在制度上承认了地方政府具有一定的财政自主权，给予地方自身独立的征税权。正是中央政府的放权与让利所造成的地方财政分权的事实，把分税制下的中央一地方经济关系描述为财政联邦主义，这似乎已经是我国经济学界的一种共识。分税制财政体制实质上仍然是运用非

正式的、不稳定的制度性管理来维系的分权制度[①]，这就形成了现阶段我国财政税收制度规范和实际运行的"悖论"：中国的地方政府没有决定财政制度的立法权限，却在正式的财政制度之外存在大量非正式的财政关系；地方政府一方面缺乏正式预算的自主权，另一方面却几乎拥有完全的预算外自主权；税收管理权高度集中，地方政府名义上可运用的税收管辖权很小，但另一方面地方政府在税法与税收政策的实际执行中，却拥有广泛的自由裁量权，从而使地方政府可以支配远远大于理论上所拥有的资源配置水平。这使得处在利益的博弈漩涡之中的地方政府，可以采取机会主义的态度，去争取能够得到更多的财政收入，并且尽可能推卸自己要承担的事权责任。

第四节 约束机制

在我国单一制的国家结构中，中央政府对地方的集中领导，是有其宏观制度环境保证的。其主要制度要素如下：从政治历史方面讲，包括东方大国文明模式，大一统的政治文化传统，渴望统一的民族心理，人口、地域和民族聚居分布特点等，都要求实现国家的集中统一。从政治制度方面看，中国政治制度的核心制度是中国共产党的领导制度。党的领导通过网络化的组织体系和制度渗透到政府、权力机关（人大）、司法机关、审判机关和社会团体中。中国共产党的组织原则[②]实质上成为政府间的关系原则。而单一制的国家行政制度、民主集中制的领导原则、政府条块管理体制、党政双头体制都进一步强化了这一高度集中的府际关系。从国家性质看，主流意识形态信仰有着强有力的激励和惩罚机制，是一种硬约束而不是软约束。而社会主义性质要求公有制的主体地位和国有中央企业的国企主力军地位始终得到保证，也使得中央政府可以凭借政权行使者和国有资产（本）所有者的双重身份，强制地、无偿地参与这些关乎国民经济命脉的资源的管理、使用与分配。上述种种制度都为实现中央的统一领导和宏观调控提供了可靠的制度保障和微观基础。此外，随着社会主义法治国家建设的不断推进，中国特色社会主义法律体系初步形成，在形

---

① 邹继础：《中国财政制度改革之探索》，社会科学文献出版社 2003 年，第 71 页。

② 即"个人服从组织，少数服从多数，下级服从上级，全党服从中央。"

式上为政府行为划出了一定的制度边界。凡此种种,都形成了对地方政府的行为选择的巨大的约束机制。

就财政体制而言,也是一样的。"财政是国家基础权力的展现,而汲取财政能力是最重要的国家能力"。在我们这样的处于转型期的单一制的超大型的社会主义国家中,中央政府动员财力的能力更是攸关国家统一、社会稳定和政权性质稳定。对于中央政府应该集中更多的财权与财力以更好地实现国家意志这一重要性的认识,中央政府是一以贯之的。中央政府这一原则立场,成为地方政府片面追求自身利益的极大制约。

通过上述分析,我们可以得出地方政府在央地财政分配关系中采取"非规范竞争"行为偏好的生成机制:内在动力、激励机制、弹性的行为空间和约束机制等四个关键变量的组合,最终使得地方政府在争取财政资源的策略选择上,往往倾向于采取非规范竞争行为。结论具体如下:

改革开放以来,地方相对独立的利益凸显,行政和财政自主权不断扩大,在财政领域及与之相关的职责领域,地方政府与中央政府进行竞争的内在动力不断强化。地方政府及其代理人的利益最大化诉求、上级政府的考核机制和"压力型政府间关系"等因素,也为地方政府争夺财政资源提供了源源不断的激励。但由于宏观政治制度环境所形成的必须由中央相对集中财力和财权的刚性要求,以及现实政治中中央政府对财政分配上的控制力的高度重视,地方政府必须尊重、贯彻执行中央的意图和正式规范的相关要求。一方面要有效地实现自己的利益诉求,另一方面又深刻受制于正式的规约、律令、程序、原则和意识形态要求等方面,于是,地方政府往往倾向于运用模糊、潜规则、非程序或阳奉阴违等非规范竞争策略,以求摆脱或规避正式的制度、规约、程序和原则要求等方面约束,实现自身利益诉求。这一行为选择之所以成为可能,在于转型时期中央政府对地方政府的控制方式、地方拥有过大的行政裁量权的实际、"体制摩擦"和"制度失范"状况、超大型社会组织控制的特点、财政制度规范和实际运行的"悖论"等,为地方政府进行这一竞争行为提供了充分的弹性的行为空间。

如果把这一生成机制用较为直观的图形表示,可以作图如下:

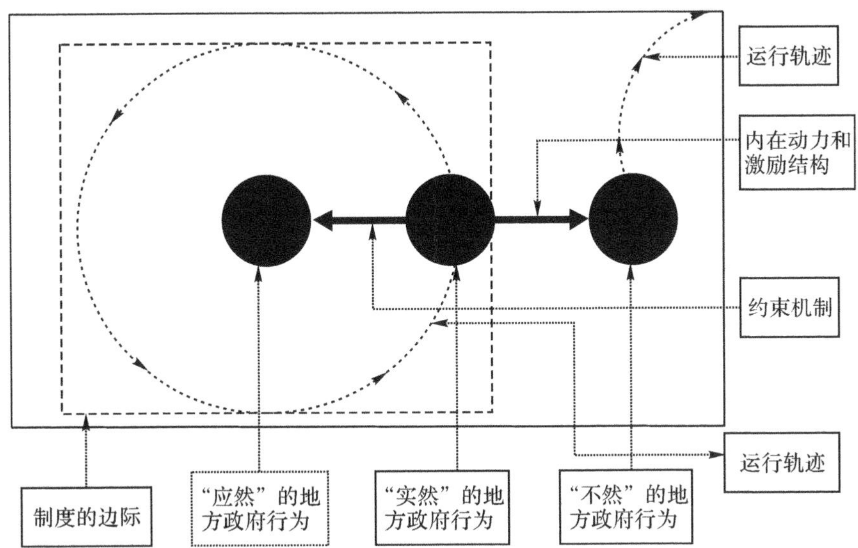

注:图中所谓的“应然”是指按制度规范要求的地方政府“应该行为方式”;“实然”地方政府实际的行为方式;“不然”是指如果没有约束条件,地方政府的行为将不受控制。

从上图中可以看到,在财政资源的竞争中,理想的(“应然”状态)地方政府的运行状态应该是围绕中心点的自转。在内在动力与激励机制形成的向外拉力和约束条件形成的向内引力双方作用下,地方政府实际运行行为(“实然”状态)呈现出一种均衡状态,即围绕着中心点,且沿着制度约束所形成的最大边界而公转。设想,如果失去了约束条件所形成的向内拉力(“不然”状态),地方政府则会以抛物线的轨迹切出,彻底摆脱中心点的控制,飞逸出整个运行体系。

第六章　非规范竞争行为的治理

通过以上分析，我们可以看到地方政府在财政分配关系中的“非规范竞争行为”所带来的外部负效应：

第一，央地财政关系中充满了规制和反规制。当代中国财政制度变迁过程实际上是实施制度的各个组织在相对价格和偏好变化的情况下，为谋取自身利益最大化而重新谈判，达成更高层的和约、改变旧的规则、最终建立起新的规则过程。制度创新过程中不可避免地存在着反复和多方博弈。博弈主要是基于理性人的人性假定，各主体都遵循理性的博弈规则，进行多方博弈以实现均衡。

地方政府的财政分配关系中的竞争策略，使得中央政府在财政蛋糕的切块上，每每处于不利地位；出于对财力、财权中央集中的重要性，以及对地方政府非规范竞争行为危害性的认识，处于不利状况的中央政府往往借助政策制定者的地位，强制变更游戏规则，以寻求提高地方收入上缴基数，增加分成比例；而每当中央把某一领域的权力上收，或者制定更为严厉的政策来削弱地方的行为空间和政策自由裁量权时，地方政府虽然不得不执行，它却可以通过弹性的制度空间开辟新的财政攫取领域，这又为中央采取进一步政策变迁，甚至于不得不选择一些“硬性”的行政手段来调控经济埋下伏笔；于是，地方政府又会开始新一轮“上有政策，下有对策”的游戏。整个过程充满了规制和反规制。这也是改革开放以来，中央每隔几年就要对省财政管理体制进行改革的主要原因，也是我国宏观调控呈现周期性的重要推因。

第二，这种“非规范竞争行为”，的确有着一些“把激励做对”正面效应和“抢先出牌”后的创新效应。但其负面效果和消极影响也是明显的：政府非规范竞争行为的存在，使政府在不同程度上背离了其必须坚守的根本宗旨——公共性，而在某种程度上类同成财政资源配置扭曲，政府行政的公正性受到损害，政府拥有的最重要资源——合法性权威也会大大地降低。与此同时，大量采取这种行为方式进行博弈的结果是严重干扰了国家意志的贯彻，违背了主流意识形态原则，加剧了物质利益关系的扭曲，导致国家宏观调控失灵，耗损了经济效率，侵蚀了国家财政收益最大化的基础，侵蚀中央、国家和正式规范的权威，带来了体制失信、腐化与道德风险。这些负"外溢性"累积到最后还是转嫁到中央政府头上。

第一节 基本结论与相关启示

正是地方政府在财政分配关系中的"非规范竞争行为"所带来的外部负效应，给我们处理央地政府间的财政关系提供如下结论和启示：

一、在中国这样一个大国，中央与地方政府间财政关系的变迁，不能不带有复合性和长期性

正如学者们的共识一样，实现央地财政关系的正和博弈的根本之策在于明确中央政府与地方政府的利益逻辑，以法律形式表明府际之间的均衡的、内在统一的财权与事权，以及双向性的约束机制。这显然也是治理隐性博弈根本之策，因为只有这样的制度建构才可以釜底抽薪地消除或抑制其产生的机制基础。然而，中央和地方的财政税收与事权体制的改革，不只是一个经济问题，更是一个政治问题，涉及政治制度和政治体制、宪法和法律、组织原则和人事制度等宏观政治，也涉及历史传统、文化结构、多民族共存、非均衡的要素分布、众多的人口与辽阔的幅员等特殊的国情，事关"全局稳定"，必须采取慎之又慎的态度。同时，各种"事权"该怎样准确量度、共同负担的机制如何确立、完成某一事务究竟需要多少财力来匹配、配套项目又该如何确定，等等，也还有大量的细节与内容有待一步步理清，而相关技术工具条件也都远远不够。凡此种种，说明当下学者热议的中央与地方法理分权仍然不具备施行的条件和操作的空间，只能是方向性的建议。这也说明治理隐性博弈本身就是一个漫长的过程，奢望一蹴而就是不现实的。

二、必须从财政的政治属性的角度和意义来看待财政问题，坚持中央政府财权和财力的控制能力

财政与国家具有最深层次的本质联系。财政的本质是以国家为主体的分配关系，是统治阶级为实现一定的阶级利益和国家意志，以政治权力为后盾，强制地参与社会产品的分配与再分配的过程。财政制度是把经济基础转化为政治结构的转换器，财政体制的背后是政治体制。在存在外部效应的公共产品上，地方政府无法实现资源的有效配置。在我们这样的处于转型期的单一制的超大型的社会主义国家，中央政府动员财力的能力更是攸关国家性质、社会稳定和中央政府意志的贯彻。处于社会矛盾凸显期的超大型社会转型和谐社会建设的背景，我国社会主义市场经济条件下财政作为国家进行宏观调控的基本工具的地位，要求中央政府必须通过有效的财政制度，保持对财权和财力的控制力，才能真正实现国家意志和要求。因此，在处理财政问题上，必须坚持以政治观点看问题，态度鲜明地坚持中央政府财权和财力的控制能力。正如邓小平明确指出的："运用人民民主专政的力量，巩固人民的政权，是正义的事情，没有什么输理的地方。"①

三、当前，在处理中央与地方财政关系问题上，必须充分注意发挥我们特有的政治优势

在非制度化的分权导致地方利益自主性日益增强的情况下，中央政府之所以还能够较为自如地控制地方政府，主要依赖于中央对地方干部的任命权限，即"党管干部"原则。通过上级党委和党组织控制下级干部，保持着从中央对地方的层层控制。正是中央对地方实行严格的政治控制，保证了整个社会的政治局面的相对稳定，动荡和紊乱才不至于出现。在经济体制和中央与地方经济关系的调整过程中，自然而然地出现利益的地方化、集团的分化和重新组合、利益的冲突、价值观的转变以及民众政治参与期望值过高，这些急剧的变化非常容易导致社会不稳定甚至社会动乱。地方政府非规范竞争策略及其危害性，也从另一个角度提醒我

---

① 邓小平：《在武昌、深圳、珠海、上海等地的谈话要点》，《邓小平文选》（第 3 卷），人民出版社 1993 年版，第 379 页。

们，财政之于当代中国的稳定、统一和发展的重大政治意义，只有保证中央对地方财政控制力，才能保证整个社会的政治局面相对稳定，不至于出现动荡和紊乱。在这种复杂的条件下，能保持中央的控制能力的只能是我们传统的政治优势和经济制度。政治优势包括意识形态信仰、政治觉悟、组织原则、党管干部、党的核心领导作用、“单一制”的国家制度安排、立法权限控制，等等。经济制度的核心就是毫不动摇地坚持公有制经济的主导地位，毫不动摇地坚持中央企业的核心控制力。如果我们放弃这些传统的政治优势和经济制度，整个财政分配关系的博弈将不是非规范竞争的问题，而是地方政府对中央政府意志公开的违抗，最终陷于分权—不满—再分权—再不满—最终分裂的恶性循环。

我国要成为真正意义上的发达大国，要保持中华民族的独立性和统一性.作为民族国家的“生命基础”的中央集权制就不能废弃。在这个重大问题上，当前特别要注意一些似是而非或者是别有用心的言论，诸如要求我们“向着宪政分权的方向进行法理分权”；或者是在“用改革的方法处理一切问题”的口号下，要求我们完全丢弃传统的政治优势。姑且不论那些急于搞所谓“法理分权”的思路是否符合我们的指导思想、政治原则、国情和国家的稳定，试问，如果丢弃我们传统行之有效的控制方式，在“旧者已亡，新者未立”的制度真空下，如何有效保证中央的控制力？南斯拉夫和苏联解体前中央政府汲取的能力严重下降的历史事实还不发人深思吗？

四、充分注意文化在制度中的作用

制度是由非正式约束（道德的约束、禁忌、习惯、传统和行为准则）和正式的法规（宪法、法令、产权）组成的。正式规则正常运转是有许多约束条件限制的。首先，作为“外壳”的制度并不是真空里的“自在之物”，它的正常运行需要包括习俗、文化、传统等因素构成的环境来支撑。文化属于价值判断范畴，由于已经内化于行动者之中，作为无形的激励因素和约束力量，它可以在很大程度上约束着每个行为主体的行为选择。从观念上引导人们“应当如何”和“不应当如何”。一个社会的文化在社会各个领域发生作用，制约社会成员的行动，影响着社会成员的观念，制造着社会的文化氛围。行政组织在社会文化氛围中运行，特定文化氛围要求行政组织的活动与行为符合文化氛围的规范和动态结构，否则就会影响行政组织与环境的动态平衡。在我国现阶段，在“强制性制度变迁”所形成的制度仍然需要经过较长时间才能普遍内化到人们心灵的情况下，传统社会所固有的一些非正式制度则仍然在现实社会中运转。财政制度作为整个社会的子系统，当然不能“独善其身”。各种人情关系、各种社会地位和权力、各种职业性特权等都成为影响和制约地方政府与中央政府之间关系的因素。

意识形态是文化的核心因素，也是最重要的非正式制度安排。意识形态通过提供给人们一种世界观、价值观，并内化为人的行为准则、行为习惯而对人们的行为产生深刻的制约作用。就当前我国政府间财政关系来说，意识形态还具有以下的特殊效用：首先，激励作用。当前我国的意识形态不仅可以蕴含其他非正式制度的内容，而且可以在形式上构成正式制度的理论基础或最高准则，可以满足地方政府在政治信仰、政治忠诚等方面的效用和利益追求。其次，约束效用。当地方政府对绩效的偏好不同于中央政府时，意识形态也是一种实实在在的硬约束。再次，监督作用。中央政府监督的成本可能过高，而对一些政府行为后果的衡量又缺乏客观尺度，中央政府如何控制好地方官员使其忠实服从中央意志，保证其对中央政策的忠实执行和政策精神的准确贯彻，以及对地方实际情况的准确及时地向上传递，只有靠意识形态信仰。最后，意识形态信仰可以克服地方政府的“道德风险”。意识形态可以唤起民众和地方政府“对统治合法性的信仰”，从而促使人们自觉地选择遵守制度规范，放弃机会主义策略。正是意识形态的这些重要作用和特殊功效，要求我们进一步加强以社会主义核心价值体系为主导的意识形态建设，建构起强大的信仰力量，以保证中央的必要控制，为实现中央与地方“两个积极性”的财政体制提供文化、心理和道德支撑。

第二节　治理建议

一、贯彻依法治国精神，将央地关系纳入法制化、规范化、程序化的轨道

第一，法律制度是各种制度中最具约束力的，明确的法律法规有助于

减少摩擦和冲突，降低交易成本。如果中央和地方政府之间缺少稳定的法律关系，只是基于非制度化的讨价还价和权力博弈，就会引起中央的随意性行为和地方的对策性行为。一旦中央政府借助行政权力强制变更游戏规则，地方政府对中央的不信任感会进一步加强；地方政府可能会采取各种手段来利用法律漏洞实现自身利益最大化，最终陷入对博弈双方都不利的囚徒困境。当前，我国中央与地方关系在宪法和法律规范上都不够明确。现行宪法第一百一十条规定：地方各级人民政府对上一级国家行政机关负责并报告工作。全国各级地方人民政府都是国务院统一领导的国家行政机关，都服从国务院。但是，上述宪法条文并未明确规定中央与地方的权力与利益分配关系。与此同时，中央应集中何种权力，至何种程度；地方应专有何种权力，至何种程度；中央与地方应共享何种权力，至何种程度，尚缺乏一种明确的制度化的标准。目前宪法尚未对中央政府与地方政府的事权做出明确规定，尽管这有利于中央政府充分利用其自由裁量权，但使得中央与地方关系变得不稳定，处于频繁变动之中。

因此，我们应当尽快将中央与地方的关系纳入法制化轨道，以法律的形式明确中央与地方的责权利范围。无论是中央政府还是地方政府，各自享有的权利与承担的责任都应该用法律的形式固定下来，并保持相对稳定。为此，必须从制度层面明确界定：什么由中央统筹负责，地方必须令行禁止；什么可以由地方因地制宜，中央只提出指导性意见，在哪些领域，地方有自己独立的自由裁量权。对各级政府权限关系的法律界定，将不同政府机关之间的分工与制衡关系制度化、程序化和法律化。总之，以法制规范中央与地方的权责边界，减少权责界限的随意性，这既是建设法治社会的需要，也是从根本上解决“政令不通”问题的途径。只有这样才能减少中央与地方各自行为的不确定性，才能提高国家治理的稳定性和绩效性。

一般而言，转移支付制度是指财政资源在政府间无偿转移的程序、规则和方法的总和，转移支付是协调国家不同目标、原则的一种重要方式，是调节政府间财政能力和规范政府间财政关系的重要制度安排，对整个财政体制的公平性和运行效率都有着重要影响。在单一制国家，中央政府一般还可以通过除转移支付以外的其他方式进一步监督、控制地方政府的财政活动，典型例子如审查地方政府的财政收支账目，审批地方发行的公债等。但现在的问题在于，财政转移支付制度的构建和监督过程“暗箱”太多。越是不规范的制度，寻租的空间和获益的可能性就越大。因此，从制度上规范地方财政行为，建立有效的财政转移支付的激励、监督机制和效益评价体系，提高财政转移支付制度的法治化水平，就显得尤为关键。

二、转变政府职能，打造服务型政府

地方政府职能转变是指政府根据社会政治、经济、文化发展的需要，对政府的行为方式及职能结构体系的不断调整。随着改革开放的推进，计划经济条件下的高度支配、控制和封闭性的政府体制，显示出越来越难以适应经济社会发展的局面，其有效性的层面随之受到限制。大家越来越理性地认识到政府自身的有限性和有限理性，认识到政府只是社会的一只手，应协同市场、社会之手发挥最大效用。按照社会主义市场经济内在要求，“政府的第一项职责：做好基础性工作”，“在基础工作之外：政府不是唯一的提供者”。所谓的基础性工作包括五项：建立法律基础、保持非扭曲性的政策环境（包括宏观经济的稳定）、投资于基本的社会服务与基础设施、保护承受力差的社会阶层、保护环境。正是基于这种认识，中共十八届三中全会将市场在资源配置中的功能定调为“基础性作用”，而报告将之提升为“决定性作用”，并且清晰界定了政府职能和作用，概括为五项职能：宏观调控、市场监管、公共服务、社会管理、保护环境。

市场经济会加速利益群体的分化，导致多元利益主体的形成。社会主义市场经济条件，对政府职能提出新的要求。政府在社会利益分配中承担的重要职责，是依法实现价值的权威性分配，使社会利益在不同的利益主体之间保持相对的平衡，而这种平衡是社会良性发展的重要条件。为此，需要实现政府角色的根本转变，即我国的政府尤其是中央政府，应由过去那种全能的、拥有超强行政权力的政府，转变为与市场经济体制相适应的、有限的、受到有效制衡的、服务型政府，使市场在资源配置中发挥决定性作用。相对于中央政府而言，地方政府的职能是关注所在地方居民的日常生活和权益。因此，地方政府的主要职能应该转向营造安定的社会秩序，为居民的生产、生活提供良好的公共物品，为地方经济和社会的发展创造必要的条件和基础上去。

三、明确中央政府与地方政府的事权，实现财权、财力和事权的匹配

合理划分各财政主体的职能范围和权责关系，它是财政体制有效运行的基本前提。中央与地方围绕事权博弈，究其原因主要还是长期以来公共物品的受益边界不清、政府与市场的边界不清、中央与地方的事权边界不清使然。

西方国家一般采用列举的方式明确规定中央与地方政府享有的专有权限以及两者共享的权限。就中央政府来说，凡涉及国家统一、主权完整等全局性事务，以及全国性公益事业、公共工程、社会保障、市场统一、地区关系协调、宏观调控等事务的权限都归中央政府拥有；涉及地方性、地域性事务，包括地方性公益事业、地方治安、辖区内基础设施建设等权限归地方政府专有；除专有范围明确规定外，还规定中央与地方共有事权权限范围，如教育、跨地区基础设施建设等，但这一部分事权并不宽泛，目的在于防止有利同争、无利躲避的“空挡”现象。西方主流学派还认为，一般说来，税赋归属涉及不同的地区，就需要中央政府出面干预并且进行决策。换言之，在决定地方之间的再分配政策上，中央政府具有比较优势。

在当代中国，由于国家各级政府事权的划分除了要考虑经济效率原则之外，政治稳定通常要占据更大的权重。如何划分事权更有利于整个国家的统一和稳定，政治家对此会考虑得更多。这就使得事权的划分至少应依据两个原则，即政治原则和效率原则，而这两个原则却不一定是相容的。从政治原则来衡量，有些事权适宜于划分为中央事权；而从效率原则来考察，这些事权划给地方则更有效率。因此，应该按照政治原则与效率原则相统一的原则和方向，明确中央政府与地方政府的事权，依此确定各自的核心任务领域，进而配置相应的职权。明确事权的目的是为了合理划分财权，即以事权为依据合理划分各级政府的收支范围。根据各级政府的事权，划分各级政府的财政支出，再根据各级政府的财政支出，确定各级政府的财政收入。应该尽可能地将职权进行整体划分，包括对人、物、财的所有权和管理权，使中央政府与地方各级政府各自有专门的管辖领域，并在各自有专门的管辖领域范围内拥有全部的权力，各有专属，互不干涉。这样，各级政府才能完整、全面地行使职权，对出现的问题也容

易追索责任,避免中央与地方互相扯皮、干扰、推诿和效率低下。在此基础上,将以上做法通过法律法规的形式加以明确。

四、打破以进一步中央财政集权来解决"乱象"的思维模式

"中央政府符合自觉性假设,地方政府符合盲目性假设",是我国学界的颇具代表性的观点之一。① 针对地方政府与中央政府博弈而产生的财政领域的混乱和失范等"乱象",许多文献认为中央权力的力度和手段不够,倾向于用一个更强大的权力行为来补救财政分权产生的一系列社会经济后果。对此,必须进行辩证的分析。在处理中央与地方财政关系中,实行扩大中央财政收入,先集中后转移的策略,这是必需的。因为中央政府不仅要考虑国家经济的增长、全体国民福利水平的提高,而且还要考虑中央政权的稳定、地区的均衡发展。但在考虑到中央财政集权益处时,也应该注意到高度财政集权政府存在诸多弊端的问题。从实证角度上看,许多国家的财政实践表明,收入征管上的灵活性和自主性是使地方政府对辖区居民更负责任、更有效率地提供公共商品和公共服务的关键性因素。在当代中国,新中国成立以来的财政集权所带来的效率缺损,以及财政放权所带来的地方经济发展积极性的经验教训都很丰富。有关中央集权制的弊端,尤其是我国在计划经济时代的高度中央集权制给社会发展造成的危害性已经成为不争的事实。从规范角度上讲,理论研究已经表明,中央政府的理性未必全面优于地方政府,在处理中央与地方的关系时是有可能损害国家整体利益。施蒂格勒就提出了地方分权的合理性:一是与上级政府相比较,当地地方政府官员由于贴近基层,更加能够明白居民的真实需求,在公共物品的选择上可以为本地百姓提供更满意的物品。二是不同地区的居民需求并不一定完全相同,应该有选择不同公共物品的权利。马斯格雷夫(Musgrave,1959)也从财政的视角出发,论证了分权的必要性和重要性。该学者认为,资源配置要能够反映居民的偏好,而地方政府可以更全面地了解信息,因此地方分权可以帮助地方政府实现资源配置的功能,从而提高整个社会的效率。中国的理论界对改革开

①② 邱晓燕:《分税制下中央和地方政府的博弈分析》,《地方财政研究》2006 年第 10 期。

放以来财政分权的重大正面效益也给予了非常积极的评价。毛泽东反复强调的发挥中央与地方"两个积极性";邓小平对国家体制主要弊端的批评是"权力过分集中";以及我们现在提出的"转变政府职能""有限政府"等政治建议,从某种意义上说,都是正确认识权力过分集中弊端后形成的科学结论。从经验的角度看,我国农村的家庭联产承包责任制,乡镇企业以及民营经济的发展,就是在各种市场主体的自发努力下,在地方政府的参与、支持和保护下,才得以成功发展并获得中央政府认可。

合理划分中央政府与地方政府的权限,应该是既能够发挥地方政府的积极作用,又可以确保中央的权威,确保中央政府对地方政府的有效监督控制,最大限度地减少中央与地方政府之间的摩擦的。中央必须具有统一决策的权力,但中央的权限范围只包括那些必须由中央拍板的事务,地方政府服务自己的责任,需要坚持合理集中与适当分权有机结合的原则,对中央政府与地方各级政府现有权限做双向调整,这里既有放权的问题,又有收权的问题。就财税体制而言,一是降低财权的集中度。中央应果断放权,坚定不移地走"分权"之路,将税收管理权包括税收立法权、解释权、税基税率选择确定权、税种开征停征权、减免权、调整权等在中央与地方之间进行合理划分,不应全部集中在中央。中央税与共享税的立法权、征收权、管理权可集中在中央;对于不在全国统一开征、具有明显地域特征的地方税的立法权、解释权、征管权可全部划给地方;二是适当降低中央财政收入占全国财政收入的比重。从历史经验来看,正如财经学者李炜光所认为的,中央财政和地方财政在全国财政收入中所占比重,以地方财政所占比重略高(如 55%)、中央财政所占比重略低(如 45%)为"较佳",在这个比例内,既可保证中央政府的宏观调控能力,又可调动地方政府的积极性,保证地方公共产品和服务有充足和良好的供应,为目前许多社会问题的解决提供机会和可能性。[①]

---

① 李炜光:《成也分税制,政也分税制》,http://www.aisixiang.com/data/17147.html 2007-12-28/2015-10-20。

五、在对地方利益诉求“同情地理解”[①]基础上积极激励地方政府进行“买账”的改革

把中国的地方政府提出自己的利益诉求的行为，一律看作是追求局部利益与地方主义而加以谴责的看法未必客观。作为相对独立的利益主体，中央与地方在权力运行模式上的单向监督关系是不可取的。中央政府在处理中央与地方的关系时，其行为不一定是完全理性和一贯正确的，它有可能损害地方政府的正当合法利益。这主要体现在三方面：第一，单方面改变游戏规则。在中央政府和地方政府对财政资源的竞争中，中央往往利用自己的“制定规则的权力”，单方面地调整和修改府际间分配比例和分配方式，使分配结果有利于自己。具体手段包括将纯中央事权下移给地方、要求地方为纯中央事权买单、将纯中央事权模糊为中央与地方混合型事权从而要求地方政府承担配套经费；调整税种归属和税收分成比例、增加地方向中央的收入上缴任务、以向地方政府借款等方式来增强中央的财力；对地方政府财力无法承担起支出事权的差额不予补助，造成地方政府事实上的财政赤字和风险。第二，政策的地区差别。对各地实行区别对待，各地政策优惠不同。第三，“中央政府无经费式指令性项目”[②]，即所谓的“中央请客，地方埋单”。譬如单是农村义务教育经费保障问题，包括诸如免除学生全部学杂费、对贫困家庭学生免费提供教科书并补助寄宿生生活费、中小学公用经费、校舍维修，教师工资保障等事宜，都是中央政府发出政策文件，由“东部地区由地方财政自行承担”和“中西部地方配套”等方式解决的。

地方政府作为地方利益的主体，为了保证地方社会经济的平衡发展，必定会有自己正当的利益诉求，如果没有正常的表达渠道，地方政府就会通过非正常渠道表达，并会对中央“上有政策，下有对策”。同时，中央政府部门表现出来的相机处理问题的倾向使地方政府难以相信中央政府的承诺，在这种情况下，地方政府表现出了更强的机会主义倾向。预算外资

① “同情”不是“迁就”，“同情于一种学说与赞成那一种学说，根本是两件事。”参见冯友兰：《中国哲学史》（全 2 册）附录，中华书局 1961 年版。

② 黄佩华、迪帕克：《中国：国家发展与地方财政》，中信出版社 2003 年版，第 205 页。

金大幅度增长是地方机会主义倾向的主要体现。

政府总是本能地希望自己能够支配更多的财源，这就是中央与地方为争夺财政利益展开博弈的根本原因。问题的关键不在于博弈，而在于隐性博弈。转型时期的地方政府的独立性和自主权已经迅速扩大，已经成为具有独立的社会经济利益和发展目标的利益主体，地方政府为了追求其自身利益的最大化，的确是存在逆向选择和道德风险问题。当前我国财政分配关系中的政府间竞争面临的情境是：传统的治理方式在中央与地方利益关系间具有的功能与作用已呈递减态势，而新的行之有效的控制手段没有真正完全建立；中央集权与地方事实上的分权杂糅并存，制度边界和制度约束的模糊和混乱，绩效评价困难和监督机制难以健全。在这种情况下，"制度性的妥协"也许成了唯一的选择。与此同时，还应该认识到，地方政府作为具有一定权利义务的行政主体，在国家生活中有着中央政府不可替代的地位和作用。扩大地方自主权力，调动地方的积极性，是十分必要的。做到这一点的关键，在于必须承认地方利益。如果无视地方利益，不仅使地方失去活力，而且会导致地方无视中央利益的行为。有地方利益存在，就有地方利益表达的问题。在此情境下，需要在对地方利益诉求"同情地理解" 基础上建立地方利益表达机制与平衡机制，完善分税制体制，积极进行激励地方政府"买账"的改革，实现中央与地方相互之间的有效沟通和理解，以显性博弈取代隐性博弈。

第七章　政策创新及其评价:"省管县"制度

中央和地方的财政税收与事权体制,既是一个经济问题,也是一个政治体制的问题,涉及中央和地方在动员、支配经济资源的权责划分以及中央与地方之间集权与分权关系依据何种原则处理的问题。而政治体制改革在中国是一件关系"全局稳定"的大事,采取的是慎之又慎、拖了又拖的态度,但现在至少有一件事不可再拖:改革政府行政体制,减少政府层级和财政层级。这不仅是推动政府运行高效、便利的问题,更是由于它关系到分税制未来的走向。①

世界上绝大多数国家实行两级或三级政府的框架设置,以"三层级"为多,而中国实行的是独一无二的五级半政府层次,比其他国家的政府层次整整多出了两级半:第一级是中央政府;第二级是 31 个省、自治区和直辖市(不包括香港、澳门和台湾地区);第三级是 331 个地级行政单位;第四级是 2109 个县级行政单位;第五级是 44741 个乡镇级行政单位。此外我国还专门设置了 15 个计划单列市,相当于副省级单位。此外,还有经济特区、开发新区等享受不同优惠或特殊政策的区域。这一行政特征使得中国不仅形成了中央与地方之间的复杂关系,而且还在同一省区内形成了上一级政府与下一级政府之间的复杂关系。

新中国成立后,中国政府体制基本框架仍然是三级制,县政府是基层政府,省政府是中央与县政府之间的中介政府。其他各级政府如大区政府不是成熟的政府,实行不久便撤销了,而乡镇政府实际上也不是很成熟的政府,因为其机构设置和职能配置方面,与成熟的政府均有相当大的差距,并且其在当代中国相当长时间内是作为人民公社来处理

① 李炜光:《分税制的完善在于财权与事权的统一》,《税务研究》2008 年第 4 期。

的。在这一体制下，省政府管辖的县数量众多，造成行政监督的困难，于是不得不在省与县之间设置省政府的派出机构，即地区行政公署。行政监督也间接地拥有了行政领导的权力，地区行政公署设置以后，经过一段时间的实践，通过分担省政府的行政督导权而在实际上分担了省政府在本辖区的领导权，有着向实设政府发展的自然趋势。

第一节 "市管县"体制的产生与发展

一、"市管县"模式的产生

到20世纪80年代初，为充分发挥城市带动作用，在江苏首先付诸实施由具有一定辐射能力的中心城市"代管"县域地区的行政模式。1983年2月，中共中央、国务院在《关于地市州党政机关机构改革若干问题的通知》中要求全国范围内"积极试行地、市合并"。1983年6月16日，中央又发布了《中央会议决定事项通知》，正式将"市领导县"改为"市管县"。地市合并、市管县的改革，是城乡合治的一种尝试，本身就是对地级政府不断加强的实设化趋向的认可，它的理论基础是以经济较为发达的城市为中心来建立自然经济发展区，通过"城乡合治"的途径，统一组织生产和流动，发挥中心城市的龙头作用，以城市带动乡村经济发展，提高周边县域的经济发展水平，为最终消除城乡差别做好准备。通过县改市、县级市升格为地级市、地市合并、市管县等改革，中国地级政府的实设化趋向开始表现为地级市的广泛设置和市管县体制的广泛实施。

从"市管县"体制的30年演变来看，党和政府的强制性制度供给是贯穿始终的主线。中央政府的初衷是城乡经济共同繁荣，运用法律和政策杠杆对省、市、县府际关系进行强制性干预。总的来讲，"市管县"体制顺应了社会发展背景，有利于我国经济的发展、社会的进步以及政治的稳定。正是改变了先前人为制造的城乡分离、市县分治的体制，苏南地区的城市工业才得以顺畅地向农村辐射，初步形成了城乡互动、以城带乡的格局，为经典苏南模式的形成提供了制度保障。

二、"市管县"体制衰变的内在逻辑

"市管县"体制的本意是市领导县并以市带县，即通过大中城市的经

济辐射能力带动和促进县域经济社会的发展，统筹城乡关系，实现市县协调发展①。地级市在“市管县”体制下，被定位为一座沟通城乡经济体制的桥梁，是该行政区划的领导管理者。由具有一定辐射能力的中心城市“代管”县域地区能否产生积极的作用，主要受下列因素的制约：②

一是取决于这个中心城市够不够大、够不够强。在市场经济条件下，中心城市带动所辖县，依赖于市自身的经济实力和在科技、管理、信息、金融方面的优势，如果市的实力不足以带动县的发展，市管县体制就必然会成为一个空壳子。

二是取决于县级区域自发工业化的能力够不够强。伴随着市场经济体制的建立与发展，“市管县”体制下，如果县级区域自发工业化的能力不够强，会逐渐影响其不能发挥自身优势并独立地参与市场竞争，这势必压制县级政府的自主性，阻碍城乡一体化发展。

三是取决于中心城市本级财政与县级行政区财政的差距是否合理。一般而言，市的经济实力强，县的经济实力弱而且以农业经济为主体，市与县互利互惠程度高，这情况下的市领导县体制运行就比较顺畅，比如一些省会城市领导县就比较好；相反，如果市的经济实力弱而县的经济实力强，这时的市管县体制矛盾就会突出。此外，市县财政都比较弱的情况下，矛盾也不大，而市县两强时则容易产生矛盾。

四是市领导县体制的效果与市领导的县的数量多少密切相关，因为市的辐射能力是有一定限度的，超出限度就容易产生矛盾。现实中，经济发展水平高、实力强的地级市周边的县常常较少，而经济发展水平不高、经济实力不强的市周边的县却很多，因而产生了实力强的市领导的县的数量少，而实力弱的市领导的县的数量反而多的奇怪现象。这是因为经济实力强的市多分布在经济发达的东部地区，这里城市密集、数量众多，周边需要领导的县数量较少，甚至无县可“领”。即便是为较不多的所辖的县，往往因为城市化的工业必达到一定水平而被改为市辖区；而经济不发达的中西部地区，中心城市数量少、功能差、辐射能力

---

① 吴金群：《省管县体制改革——现状评估及推进策略》，江苏人民出版社 2013 年版，第 7 页。

② 龚浔泽：《江苏，“市管县”变革图存》，《南风窗》2005 年 10 月 16 日。

弱,但周边比较贫困落后的县却很多。这样就出现了所谓的“大马拉小车”与“小马拉大车”的问题。

随着我国市场经济体制的建立和完善,支持“市管县”的政治、经济、社会条件也发生了变化,“市管县”体制弊端凸显。市领导县体制产生的矛盾和问题也越来越多,概括起来讲主要体现在三个方面:

首先,“市管县”体制导致了市县经济利益的矛盾,这也是最核心的矛盾。地级市对所辖县的全面管理,使得市区在基建投资、生产项目投资、财税收入分成等方面获得更多的优势,这在一定程度上阻碍县的建设发展。产生这个矛盾的主要原因是市的经济实力不够雄厚,加上有些市管辖县的数量多、人口多、面积大,市带县带不动,市对县的经济社会发展难以有大的倾斜、扶持和援助,相反甚至要依靠县的“贡献”来投入市区建设,在财税分成、基建投资、开辟新的生产项目等方面市里也常常优先考虑市区,这样县里就明显感觉增加了负担。正是在这种情况下出现了“市刮县”“市挤县”的议论,认为市不仅带不了县,而且是“揩县的油来肥市”。

其次,市领导县体制的突出问题集中到一点就是省县之间多了一个实设的中间管理层,增加了管理成本,降低了工作效率。20 世纪 80 年代以前省县之间虽然也有个管理层,但主体是地区领导县体制。地区作为省(自治区)的派出机构,从职能任务、机构设置到具体的领导方式方法,与作为一级行政区划建制的地级市都有明显的区别。一般而言,地区对县的领导要简单一些、务虚一些,而市对县的领导则要具体得多、实在得多。地区对县的领导主要是党务领导和行政督导,而市对县的领导除党务、行政外,还包括经济、社会和文化事务。因此从地区领导县体制转到市领导县体制后,省里对县里领导的各项工作都要经过地级市中转,在政治、经济、社会各领域,省与县的中间环节大大增多了,县的自主权明显减少,县里普遍感到“婆婆”管得更多更严,市和县的管理成本都增加了。

最后,“市管县”体制导致了城乡关系的矛盾。在“市管县”体制下,城市既要抓城市工作,又要抓农村工作,在工作部署、城乡利益分配等方面难免出现不平衡。市政府的工作重心一般放在城区,特别是把发展二、三产业放在突出的位置,这在客观上忽略了农村地区的经济发展,扩大了城乡差距。从中国目前的实践来看,所谓城乡合治,基本上仍然是板块式的合治,而不是有机的一体化合治。

第二节 “省管县”体制的确立

所谓“省管县”改革是指“省市县行政管理关系由目前的‘省—市—县’三级体制转变为‘省—市、县’二级体制，对县的管理由‘省管市—市管县’模式转变为由省替代市，实行‘省直管县’模式，其内容包括人事、财政、计划、项目审批等原由市管理的所有方面”①。其核心思想就是“留利于县”。通过大大增加省直管的县级财政留成比例，从而增加地方财政收入，缓解财政矛盾，以便县里能集中更多的财力来发展县域经济。“省管县”体制的产生是地方首创的榜样效益和中央政府推广经验的产物。

一、改革试点的榜样效应

从政策过程的视角出发，我国的政策推行一般遵循“试点—选优—推广”的规律，是比较行之有效的政策制定和试验推广的做法。“省管县”体制改革的推进也正符合了此规律。反思和讨论一些省份的“省管县”体制改革的成功经验和原先“市管县”体制的优劣，是促使“省管县”体制改革进一步深化的重要动因。部分地区的“省管县”体制改革取得的积极成效为其他省份提供了范本，伴随着浙江省、海南省等财政省直管县、强县扩权和扩权强县等一系列改革措施的成功实施，这项体制便快速向我国其他省份辐射开来，为其他省份提供了有益的借鉴。“省管县”体制改革的推进过程中主要包括两种类型：一是“财政省管县”，各地区在探究“省管县”体制改革前，都往往以“财政省管县”体制为先行，后期再考虑扩大至其他领域。二是对于县级政府增加经济社会管理权限。省把部分原属于地级市的社会管理权限给予县级政府，扩大县自主权，从而在部分管理事项上实现了“省管县”②。而完整意义上的“省管县”体制改革就是行政管理体制方面的改革，县里的人事、财政、项目审批等一系列事务由省直接管理。在我国目前的“省管县”实践当中，只有海南省实行的较为全面，属于行政管理体制上的“省管县”改革。浙江省实行的是财政上的“省管县”

---

① 王红茹、张俊才、张一彪等：《“省管县”：地方权力再分配》，《中国经济周刊》2007年第22期，第19—22页。

② 李振：《省管县体制问题研究综述》，《理论界》2006年第11期，第10—12页。

改革,同时在经济管理权限上也对县级政府放开部分权限。其余大多数省市仍在不断的探索和实践中。

二、中央政策的渐进推动

从近年来的政策文件中可以察觉,中央政府一直重视并有序推进着“省管县”改革。由2002年起,全国各省先后开展了“强县扩权”的改革行动,将地级市的经济管理权限下放到部分重点县,形成了近似“省管县”的格局。2005年1月,财政部制定的《关于切实缓解县乡财政困难的意见》指出,“各省(自治区、直辖市)要积极推行省对县财政管理方式改革试点,对财政困难县要在体制补助、税收返还、转移支付、财政结算、专项补助、资金调度等方面直接核定并监管到县”。2008年10月,在党的十七届三中全会上,第一次在全国范围内明确提出了省管县行政体制改革,并且强调了这要在法律的基本框架内进行试点改革。2009年下发的中央一号文件《关于2009年促进农业稳定发展农民持续增收的若干意见》中提到了鼓励推进“扩权强县”的改革试点。中央政府已经明确表示出了对“省管县”的认可态度,并且十分积极地鼓励一些有能力的省份进行试点改革。财政部在2009年6月出台的《关于推进省直接管理县财政改革的意见》中,提到了目标的设定进度:力争在2012年底前对全国除民族自治地区外各个地区全面推进省直接管理县财政改革。2009年,中央出台了《关于加强县委书记队伍建设的若干规定》,指要逐渐把县级干部人事管理权收回省一级,今后县委书记的选拔聘用,需按程序报经省级党委常委会议审议。另外,财政部公布的《关于推进省直接管理县财政改革的意见》中提出在2012年底前将先把“省管县”财政改革在大部分地区进行推行。2011年3月的《国民经济和社会发展第十二个五年规划纲要》及2012年11月的党的十八大报告都更加进一步鼓励了“省管县”体制改革的继续深化①。

中央的政策推动,为“省管县”体制改革打下了良好的政策基础,引导了全国各级地方政府的改革方向,为“省管县”的改革深化营造了良好的

① 吴金群:《省管县体制改革——现状评估及推进策略》,江苏人民出版社2013年版,第10—11页。

氛围。

三、“省管县”体制改革的动因

现阶段学术界对于“省管县”体制改革的根本动因还没达成共识，学者的意见各不相同。通过对经济因素、社会因素、政治因素的分析，结合相关学者的论点，主要动因可归纳为以下几个方面：

1.加快城乡统筹发展

县承担着提供农村公共产品、发展城镇多元经济、促进基层和谐的重任，是勾连城乡经济社会发展的重要载体，因此，我国的第一、二、三产业能否协调发展受到县域经济的直接影响。从国际经验来看，由于城乡之间在基础设施、产业结构、发展水平、人口素质及生活方式等各方面都存在着明显的差别，因此在政治经济体制上实行城乡分治是国际上的普遍规律。把城市与乡村进行区分，使当地政府专心管理本区域的公共事务，用贴近实际的手段提升本区域的经济发展是更好的选择。

“省管县”体制改革能够实现县域经济的快速发展是因为该体制可以通过下放权力使县政府实现“放权于县、让利于县”的行政机制，提升县域经济自主权，激发县域经济活力。同时，也可以通过公共服务统筹权的上移使得落后县能取得更多的转移支付，进而实现均等化的公共服务。另外，“省管县”体制改革可以通过城乡分治充分发挥市县两级政府的积极性，既加快城市化发展，又推进社会主义新农村建设，进而达到市县协调发展①。

2.促进城市合理布局

在现有体制下，市是广域行政区，管辖范围包括市区和郊区，还包含了大量的农村地区，县乡农民成了形式上的“市民”，实际上，城市化水平还是较低，阻碍了县的发展。“省管县”改革后，地级市和县都同时隶属于省级政府，市的行政建制也将发生重大变化，由广域行政区回归城市行政区，其管理范围缩小为市区和郊区。这就有助于减轻市一级的负担，使其专注于城市的建设与发展，更好地提高城市竞争力，防止城市虚化泛化现

① 吴金群：《省管县体制改革——现状评估及推进策略》，江苏人民出版社 2013 年版，第 13 页。

象的不断蔓延。“省管县”改革,有助于大批中小城市的迅速成长,在市场机制的作用下形成城市空间的合理布局。当然,在改革过程中,有必要创新我国的设市模式,形成点面结合的地方行政体制,走中国特色的城市自治道路。推进“省管县”体制改革有利于打破城乡二元结构,实行工业反哺农业,发挥工业和城市对农村的带动作用,从根本上化解城乡一体化进程问题。

3.减轻政府财政压力

“省管县”体制改革的一项重要动因是提高基层财政的自主能力,能有效化解基层政府的财政压力。虽然我国 GDP 增长强劲,总体经济形势发展较好,但是我国不少县乡农村地区的经济形势并没有同步好转,难以跟上城市发展的步伐。这也导致了城乡差距的扩大,这极大地影响到农村政治和社会的稳定性。只有解决好我国基层财政困难的问题,才能更好地促使我国财政的协调发展,保证社会发展的稳定性。

推行“省管县”体制改革可以有效地调动基层政府的主动性和积极性,化解基层财政压力。比如,浙江省从 1953 年以来就一直坚持财政上的省直管县。浙江省财政厅原厅长翁礼华介绍说:“我们采取的办法是,1994 年基本上把各个县的大体补助基数都调整到位了。然后 1995 年开始对 17 个贫困县实行了‘会干活的孩子多吃奶’的办法,地方财政收入每增长 1,补助就增长 0.5。地方财政按照总收入为基数,补助按照补助基数计算。这就叫‘四两拨千斤’。”①在浙江省初期进行改革的过程中,就产生了一个突出的例子。浙江省的文成县从之前每年财政收入的 700 万,在进行改革后,当年增加了 125%,第二年又增长了 75%。从例子中可以看到,“省管县”体制改革能够大大提升基层政府的积极性,通过利益链条进行联系,破解基层政府财政困难的问题。

4.壮大县域经济

县域经济是统筹城乡经济社会发展的基本单元,不仅是城镇经济与农村经济的接合处,还是工业经济与农业经济的交汇点,更是宏观经济与微观经济的衔接处。它的地位和作用主要体现在四个方面:一是工业资源的基地,二是强国富民的基石,三是拉动消费的“超市”,四是促

① 地方行政管理体制改革研究课题组浙江省调研资料,2011 年 11 月 10 日。

进经济发展的动力①。县域经济是一个有机整体，涵盖了社会经济的诸多方面，并且，在很大程度上取决于县级地方政府的权力配置是不是合理。“市管县”体制虽然在一定程度上减少了行政区对经济区的干涉，但仅仅使经济区范围在原来的基础上扩大了一些。而“省管县”体制可以从体制上打破经济区与行政区一体的格局，为壮大县域经济提供可持续的解决方案。

“省管县”体制改革正好能为壮大县域经济的总体目标提供动力。推进“省管县”体制改革可以促进县域经济和中小城镇发展，通过调整市和县的关系理顺财权与事权。很多省的“扩权强县”改革把地级市的经济管理权限直接下放给一些重点县，目的是在行政区划不变的情况下，推动扩权的县抓住机遇，加快发展，尽快形成一批经济活力强、发展速度快、综合素质高、带动作用大的县，以此促进城乡经济和区域经济的协调发展，这是增强县自主发展能力、理顺市县关系的关键环节。另外，推进“省管县”体制改革可以促使政府服务重心下移，通过增加农村公共服务设施建设投入从而提高农村公共服务水平，加快推进城乡基本公共服务一体化。浙江省的“强县扩权”就有效地推动了县域经济的发展。据介绍，1991 年全国百强县排行榜初次排定，浙江入围县(市)是 12 个，到 2002 年全国百强县(市)名单，浙江 26 个县(市)榜上有名，连续 3 年百强县数量位居全国第一。

5.实现政府组织结构扁平化的重要途径

20 世纪末，人们对传统的官僚制政府组织结构产生了质疑，新公共管理运动席卷了世界上的绝大部分国家。著名的管理学大师德鲁克曾说过：“不良组织最常见和最严重的症状，就是管理层次过多②。”正因如此，只有尽可能地实行扁平化的组织结构，才能使政府组织更有效率地运行和更好地承担责任。在这种背景下，通过“省管县”体制改革，正是迎合了世界性的组织结构扁平化的趋势。该体制不仅能还原地级市的本质属性——城市型建制，还能建立幅度适中的“效能型政府”。这可以节约成

① 潘小娟、吕芳：《攻坚——聚焦省直管县体制改革》，中国社会科学出版社 2013 年版，第 39 页。

② [美]彼得·德鲁克：《管理使命、责任、实务(实务篇)》，王永贵译，机械工业出版社 2006 年版，第 189 页。

本,拉近决策层与执行层、普通民众之间的信息沟通距离,提高政府的行政管理效能。从这些意义上来说,当前“省管县”体制在推动县域经济发展上的优势非常明显,目前,浙江省县域经济 GDP 占到全省的 70%,是该省经济持续快速发展的重要基础和动力源泉。“强县扩权”无异给条件好的县(市)进一步优化了发展环境,使之拥有更大的自主权,形成一批经济活力强、发展速度快、综合素质高、带动作用大的县(市),促进了城乡经济和区域经济协调发展。这是浙江在全国百强县榜上独占鳌头的根本原因。正是“省管县”的实施,使得 10 多年来,浙江省财政收入平均每年递增 25%,农民人均年纯收入达 6500 元,连续 16 年居全国第一位,城镇居民收入首次超过广东,在全国排名第一,成为中国县域经济最发达的省份。

第三节 “省管县”体制面临的主要问题

“省管县”体制改革作为我国的一项行政体制改革,与政治体制和经济体制都密切相关,是一项复杂的系统工程,在改革中也面临了不少问题。如果不积极探索办法,将导致新的管理混乱,妨碍经济和社会的整体发展。

一、对中国式城市化进程的影响

中国人口多,土地资源相对不足。如果不将城市适度集中,将非常不利于我国有限土地和耕地资源的保护。并且还容易造成县级之间的重复建设,可能造成地方管理混乱。同时,强县扩权,容易导致县(市)做大本县(市)城市规模的冲动。近几年,浙江的一些县(市)的城市建设劲头、规模与速度远远超过大城市,中心城市辐射度就不够。从基础设施来看,“省管县”可能会存在重复建设的问题,如城市建设的部分等。

二、县地方主义意识作祟,阻碍周边经济发展

在“省管县”体制下,市政府无法过多限制各县的发展规划,进行资源调配,各县存在着的地方主义意识和行为影响了经济发展。县在发展中会以自身利益为出发点,“肥水不流外人田”思想的存在,使得县缺乏与周边共同发展的区域整体视角。从某种程度上说,中国的政府体制是高度

分散的、以上级政府为领导的体制。中央、省、地区(地级市)、县(市)和乡(镇)政府组成了单一自上而下的层级体系,下级政府对上级政府负责,同级政府之间基本上没有行政联系,不需要相互负责①。当关系到指标分配、招商引资等问题时,县之间更多是竞争对手的关系。而省级政府面对市、县等数量如此多的下级政府,其协调功能很难在短时间内迅速补位,在这种背景下,县之间利益冲突不可避免。

三、层级与管理幅度不匹配,省级政府管理幅度过大

从管理学的角度分析,管理幅度与管理层级成反比,与组织效能息息相关。管理层级和管理幅度的比例合理,组织的整体效能才能达到最优。"省管县"体制改革首先面临的就是两者是否匹配的问题。一般来说,在我国目前的行政管理体制下,实行省级幅度的有效管理以 40—50 个较为适当。然而,根据 2013 年的统计数据,我国除直辖市外,绝大多数省份所管辖的县数目远远超过了这一数字,平均每个省级政府管理的数量为 73 个,四川甚至达到了 137 个。省级政府的管理区域再加上所管辖的地级市,则平均为 85 个,最高的四川为 158 个②。这对省级政府现有的职能状况、人员配置和技术保障来说是一项艰巨的管理系统工程,难度很大。

改变"市管县"体制,行政上的目的是减少层级,提高效率。但改变后,行政效率未必会提高。省级政府的管理幅度过大,不仅造成行政成本的大额增加,对市、县政府可能出现的权力滥用等行为更是难以监督和调控。省级政府远离基层,更难以制定出贴近当地实际的合理发展、规划政策。因此,在改革中面临的这项问题需要得到重视与解决,才能让市、县独立自主并规范化发展。

四、制度不配套,权责不对称

当前,在中国实行"省管县"体制改革的省份中,财政"省管县"最为普遍,而明确到人事省直管县的只有海南、浙江、吉林、安徽、黑龙江和

---

① 吴金群:《省管县体制改革——现状评估及推进策略》,江苏人民出版社 2013 年版,第 215 页。

② 中华人民共和国民政部:《中华人民共和国行政区划简册(2013)》,中国地图出版社 2013 年版。

湖北等六个省。从总体看来，事权、财权、人权互不匹配，管人和管事权责脱节，权责不对称是普遍存在的问题。从地级市的角度分析，虽然"省管县"体制在省、县财政管理权限方面进行了调整，实现省、县财政对接，县党政人事也由省委直接管理，但这并没有使市县之间的行政关系发生变化，市委、市政府在许多方面，如维持社会稳定、经济发展、土地规划、节能减排等方面还需要对县下达指标，出现纰漏要追究市的责任。然而市没有了人权、财权的保障，增加了市的工作协调难度。从县的角度来看，很多实质性的事权仍然并未下放到县，县级政府在处理问题时受到的束缚较多。并且，由于财政关系的改变，市对县的支持力度减少，缺乏必要的资源保障，县没有足够的财力来支持其公共事务的展开。另外，县的工作仍需对市汇报，现在再加上对省汇报，加大了行政成本，降低了行政效率。权责不对称对"省管县"体制改革基层具体工作的展开造成了困难。

五、受到现行体制的制约，法律保障薄弱

"省管县"体制改革受到了现行体制的制约，这主要涉及三个方面的问题：首先，"省管县"体制与垂直管理系统不协调。在现行体制下，我国垂直管理部门权限的划分和配置并不在省政府的权限管辖范围内，比如土地、金融、工商、税务等。因此，省政府在下放事权时，一旦涉及这些部门的职权，就出现配置脱节的情况。其次，行政责任主体不明确。一般都是通过委托的形式下放行政许可和行政处罚的权限，但从法理上分析，被委托机关并不是责任主体，这就导致了权责不一致的现象。一旦发生行政复议和诉讼，行政机关特别是市级机关将陷入困境。最后，法律的保障比较薄弱。根据《宪法》第 30 条规定，除直辖市和较大的市外，其他地方的市和县是两个平行的行政主体，不存在管辖关系。而从 1982 年中央《改革地区体制，实行市领导县体制的通知》发布后，三十多年来，全国普遍实行了市领导县的体制。这造成了目前的"省管县"改革需要打破市领导县的惯性，摒弃其后遗症，才能更好地改革。另外，在实践中，省级政府往往是利用行政法上授权或委托的方法，通过文件的形式把权限让渡给县的做法，这缺乏明确的法律依据，若是委托追责时责任主体仍是委托方，这就出现了权责不一致的情况，造成司法体制运行的障碍。在实施

“省管县”体制改革后，市中级人民法院的职责划分和基层法院之间的关系将成为一个两难的选择。

六、加剧了地级市与所辖县的矛盾

近年来，浙江省部分县的城市建设劲头、规模与速度远远超过城市，“省管县”体制下的“强县扩权”，容易导致县不断做大本县城市建设和规模的冲动，经济强县往往会对“县改市”更为渴求。而地级市政府则以“撤县设区”为抓手，借此寻求更大的发展权限、更大的发展空间。地级市通过“撤县设区”，一是能壮大本身的经济实力，二是能够获取更多的财政资源，三是政府领导政绩的突出表现。但“撤县设区”的后果往往是回到“市管县”的情形，牺牲县的利益，弱化了县的发展能力。这与“省管县”体制的初衷背道而驰，但由于执行主体的偏差与曲解，导致“省管县”体制下一轮又一轮的“撤县设区”热潮。“撤县设区”这种做法并没有实质性的民生意义，客观地看，这些地方政府简单地把县作为提升自身经济总量的垫脚石。制度曲行造成“省管县”体制建设新型城镇化执行的偏差，最终会导致改革结果的南辕北辙。

第八章 个案分析——"行政托管"语境下的开发区

根据学界的主流观点,兹定义开发区如下:开发区即政府根据发展需要在行政区中划出特定的享受特殊优惠政策和较大自主权并且具有自身特有管理体制的区域。开发区是人类经济生活进化到高级形态的表现,通过各类生产要素的充分聚合和有机互动,开发区创造了先进的生产模式,成为各地经济发展的火车头。开发区的发展源头最早可追溯到西方16世纪的自由港。自由港的传统一直延续到20世纪中叶,它促进了全球贸易的发展和全球市场的形成。世界最早的高新技术开发区于1951年诞生在美国,即硅谷。硅谷的成功得益于其独特的区位优势和新科技革命的推动。硅谷模式作为高新技术类开发区的典范,具有引领作用,影响巨大。世界上第一个加工出口区于1959年在爱尔兰成立。其特点是进出口免除关税、从事对外贸易和转口贸易、功能比较单一。它是综合类开发区的初级形态。第二次世界大战结束后至20世纪70年代,亚洲一些国家和地区开始建立出口加工区,并发展较好,开发区开始进入以出口加工区为主导的发展阶段。20世纪70年代末,受以发展信息技术为主导的第三次科技革命的冲击,发达国家开始建立科学园区和科学工业园区,一些新兴的工业化国家和地区也开始纷纷建立自己的科学园区。此时的开发区进入到以综合开发区和高科技开发区为主的发展阶段。

在国内某些地方实行特殊政策的做法,可追溯到抗战时期我党在广大的敌后农村地区所建立的各类革命根据地。1979年4月,邓小平就对习仲勋、杨尚昆提出的在邻近香港、澳门的深圳、珠海以及汕头兴办出口加工区的意见表示赞同,并且说:"还是叫特区好,陕甘宁开始就叫特区嘛！中央没有钱，可以给些政策，你们自己去搞，杀出一条血路来。”①尽管革命根据地与现今意义上的开发区存在着本质的不同，但在“实行特殊的政策”方面还是具有相似性的。党的十一届三中全会确立了改革开放的大政方针，沿海地区作为我国改革开放的前沿阵地，为落实国家发展战略，继四个经济特区设立之后，1984 年位于沿海的 14 个城市，率先建立起首批国家级经济技术开发区，以充分发挥沿海地区区位优势，为我国改革探索积累经验。这个时期确立的开发区主要包括经济技术开发区和高新技术产业开发区。按设立主体和拥有权限的不同，还可以分为国家级开发区和地方各级开发区。“经济技术开发区”，是中国改革开放后设立的现代化工业园区。“高新技术产业开发区”，是借助智力密集优势，依靠科技，吸收和借鉴国外先进科技资源、资金和管理手段的产业集中区。两区皆分为国家级和省级，统称“开发区”。

伴随着改革开放脚步的加快，沿海大城市陆续建立起了多类型、多层次的开发区，沿海地区的中小城市与中西部地区也纷纷在自己辖区内建立开发区。20 世纪 90 年代，这一时期的开发区数量大增，规模越来越大，类型多样化，形成工业园区、经济技术开发区、高新技术产业开发区、保税区、出口加工区、旅游度假区等园区的多元发展格局，由单一的国家级扩展到省市县级甚至乡镇级开发区。但各地经济发展中出现“开发区热”，开发区成了发展经济的万能模式，发展过多、过滥。为此，国家将某些不具备开发建设和招商引资条件而造成耕地大范围浪费的开发区撤销，使得市县级开发区数量大幅度减少；同时，促进符合条件的开发区的发展，并重点转向发展高新技术产业，国家级开发区的质量也在整顿过程中获得提高。2000 年后伴随中部崛起、西部大开发战略的推进，开发区由东部城市向中西部城市覆盖。一些开发区开始主要依靠自身的创新体制优势和资源优势，不再仅仅依赖政府的优惠性政策；与所在地区差距缩小，开始与所在地区的全面融合；管理体制逐渐成熟，设立了综合性的管理机构，形成了公司管理体制、政区合一管理体制等多元化管理格局。2009 年西方国家爆发金融危机后，国际经济环境恶化，外向型经济发展方式受遏制。面临深化改革、结构转型的重任，需要面向未来建立新型开发区，探

① 《邓小平年谱(1975—1997)》(上)，中央文献出版社 2004 年版，第 510 页。

索开发区体制创新的新路径。经笔者查阅相关资料统计得出，当前我国拥有国家级经济技术开发区 200 个，国家级高新技术产业开发区 105 个，国家级保税区 15 个，国家级边境经济合作区 15 个，国家级出口加工区 60 个，其他国家级开发区 42 个，还有若干省级开发区。2013 年在上海成立了一个国家级自由贸易区。

第一节 “行政托管”——缘由和性质

开发区是在现有行政区划的基础上建立的，并没有打破行政区划。开发区对所辖区域的管理权限来自上级政府的授权，而非行政区的直接授权。除去政区合一的开发区，多数开发区通过专门成立的开发区管委会进行专门管理。

根据当前理论界的观点，以开发区和行政区之间的关系为标准，将开发区管理体制分为两种类型。(1)体制合一型：其主要特点是开发区和行政区管理体制合一，机构编制和职能保持一致，其实质是开发区就是独立完整的一级政府，一套班子，两块牌子。(2)体制分立型：开发区的管理体制和行政区体制存在明显的屏障。其运作方式是，地方政府派出机构在开发区内设立管委会，行使政府的管理职能，负责区内的行政、经济、党务和社会等事务，实施统一的领导和规划。

体制合一型的管理体制下，开发区的管理主体即开发区所在行政区划的地方政府，有明确的法律地位和行政主体资格，有利于加强管理。缺点是仅适合于政区合一的情形，容易滋生机构膨胀、办事效率低等旧的官僚体制下常见的问题。

与此相反，体制分立型管理体制精简高效，能减少来自行政区体制的干扰，充分发挥其管理经济事务的优势。但因其缺乏法律规范和行政主体地位，管委会在管理内容和权限方面受到各种牵制，无法在实际中顺利运行，与行政区体制衔接不顺畅，创新效果大打折扣。本章所讨论的行政托管问题正是在体制分立型的管理体制下发生的。

一、“行政托管”的诞生

开发区在中国的发展也经历着历史的变迁，原先可以说是“遍地开发区”，近些年来，这种现象已经逐渐消失了，乡镇、村级开发区逐渐被取消或整合，开发区往往在城市周边进行大规模发展。一般来说，开发区在规划之初，面积都是比较小的，随着经济的快速发展，产业集聚迅速增加，开发区土地空间逐步饱和，经济发展与开发区的土地空间矛盾不断突出。地方政府想方设法地去扩大开发区的面积，为开发区的发展开拓更大的发展空间。由于行政区划的审批权在国务院，行政区划又难以突破，地方政府不得不将省级权限用到极致。这种拓展方式主要就是将开发区周边的乡镇纳入开发区扩容发展的储备空间或规划空间之内，扩大开发区的土地空间，增加开发区的发展潜力。一般而言，开发区整合周边的乡镇的模式分成三类。

1. 在规划上将几个乡镇捆绑在一起，但没有实质性的改革建设，管理归开发区，部分人事及行政审批权归原区划地。这一模式下，新老"东家"与被托管的村镇(街)关系既微妙又充满矛盾，行政管理方面的矛盾和纠结比比皆是，所以，这一种方式逐渐式微。

2. 将某一地域上的居民全部迁出，可以说是在一片荒地上进行建设。这种做法跟一个企业开发一块土地并没有太大的不同，开发区政府的行为基本上就是企业行为，主要完成两个基本任务：招商引资和税收。由于将某一地域上的居民全部迁出的成本太高，且获批较难，这种方式下进行开发的土地面积毕竟很有限，不符合城市政府控制土地资源的初衷，因此也不是主要手段。

3. 在原有乡镇、村的基础上进行建设，并不是把所有原住民都迁走，而是将原隶属于地方一级政府的乡镇成建制划给开发区管理，这样，开发区治理就要复杂得多，"不仅有招商引资、开发建设的功能，还由于服务业的兴起和大量居民的进入，新增了社会事业和社会事务管理的功能。"[①]对此，对于如何进行有效治理，行政托管就成为地方政府为开发区的土地扩容探索出来的有效举措。

① 《国家级开发区面临新苦恼》，http://finance. Sina. com. Cn/roll/20050104/12541269302. Shtml，2005-01-04/2015-08-20。

二、托管模式描述

1. 设立管委会

将原隶属于地方一级政府的区县或乡镇成建制划给开发区管理，与确定的新区的区域范围相对应，市政府成立扩大原开发区管委会的管理范围，作为市政府的派出机构，成为整个新区的管理主体。

2. 行政权力托管

由于行政区划的审批权在国务院，尽管管委会在实际上成为新开发区的管理主体，但是其所辖区域依然分属不同的区或县政府，从而导致开发区管委会的地域权限与所在地域的乡镇交叉。为使管委会真正承担起管理新区的职能，客观上需要解决在同一区域之上不同权力主体之间的关系问题。这一问题的解决，是通过把各区县和相关职能部门的权力托管给管委会的方式来实现的。具体做法是：保持开发区范围内原有乡镇街道行政区划不变，同时为便于统一开发建设和管理，范围内有关乡镇街道整建制委托开发区管理。托管后，开发区党工委、管委会全面负责托管乡镇街道的党群、行政、经济和社会事务等管理。

3. 职能托管

市政府的相关职能部门经过市政府的同意，也把权力委托给新区管委会行使，进行托管。具体的托管步骤是：(1)市政府职能部门在开发区设立各自分局。(2)市政府职能部门把分局托管给开发区管委会。(3)市政府职能部门对分局负责指导和监管。分局相关负责人由管委会提名，报市级相关部门研究任免；工作人员由管委会按照开发区体制管理。

4. 托管后的机制结构

经过托管，开发区形成两级管理模式，即管委会—街道办二级结构。目的在于建设精简、高效的管委会机关，支撑服务体系和乡镇街道管理机构，推动区域经济社会又好又快发展。

这样，开发区管理委员会为市政府的派出机构，代表市政府对辖区实施行政管理。管委会通过设立内部机构、派出机构，协调、领导市级行政管理部门在区域内设立的分支机构和托管街道办事处等机构，全面管理辖区经济和社会事务。为增强管委会的实际控制权，设立开发区财政局(分局)，成立一级国库，负责开发区财政收入的组织征收，负责辖区范围内的预算编制、执行及决算、会计管理、政府采购等各项财政和国有资产管理事务。托管范围内形成的财政收入，由开发区统一征管，并统一承担开发区托管范围内各项行政和社会事业支出。

开发区行政托管现象是在我国现有的制度环境下，在央地政府间复杂的博弈和竞争条件下，由多重因素合力产生的。“开发区行政托管”实质上是行政管理权的让渡，是行政“所有权”和行政“经营权”的两权分离，或曰行政“主权”和“治权”的分离，而不是“划疆割地”。目前，在全国开发区托管的模式中，主要有两种：一种是不完全托管模式，例如村镇的行政区划依然在县区，而被托管者的部分事务转进开发区；一种是完全托管模式，这种模式多为“政区合一”模式，即行政区域和开发区合一，就是一套人马两块牌子。

这种创新的管理体制的好处显而易见：其一，地方政府有权决定，不需经过区划调整那样的层层审批关卡，见效快；其二，本着多方自愿、互利共惠的原则，效果好；其三，根据发展实际，灵活处置，不僵化。总之，开发区托管有利于摆脱现有行政区划和开发区用地规划的限制，赋予了地方政府极大的自由裁量权。

三、案例分析——杭州建立国家级经济技术开发区

1993 年 4 月，国务院批准在杭州建立国家级经济技术开发区。杭州市机构编制委员会办公室于当年 6 月 5 日正式发文，将“杭州钱江外商台商投资区江北管理委员会”更名为“杭州经济技术开发区管理委员会”。1994 年 4 月 28 日浙江省召开第八届人民代表大会常务委员会第十次会议，此次会议通过了《杭州经济技术开发区条例》，《条例》明确规定了开发区管理委员会为杭州市人民政府的派出机构，代表杭州市政府对开发区实施统一领导、统一规划和统一管理。《条例》还明确了管委会管理权限。杭州市政府根据开发区的发展需要，将市政府和市政府的部分职能部门的权力以托管的方式分配给杭州经济技术开发区管委会。杭州经济技术开发区管委会成立之初遵循“小机构、大服务，小政府、大社会”的管理模式，按照精简高效的原则，整合区域内的资源，促进开发区经济持续快速发展。

随着杭州经济技术开发区的发展，1999 年 8 月 1 日，开发区又迎来一

次新的机遇，杭州市委市政府决定将原隶属于江干区的下沙镇成建制委托给杭州经济技术开发区管理，江干区政府及其职能部门通过托管的方式把权力移交给管委会，由杭州市经济技术开发区管委会负责协调监督。开发区行政管辖面积由 27 平方公里迅速扩大到 104.7 平方公里。开发区管辖面积增加近 4 倍。托管之后，杭州经济技术开发区建立起了开发区管委会—街道办二级管理结构模式。管委会内部机构和市政府各内部机构在杭州经济技术开发区内设立分支机构或派出机构，由开发区管委会协调监督这些分支机构或派出机构的工作。通过行政托管形成了新的管理模式。

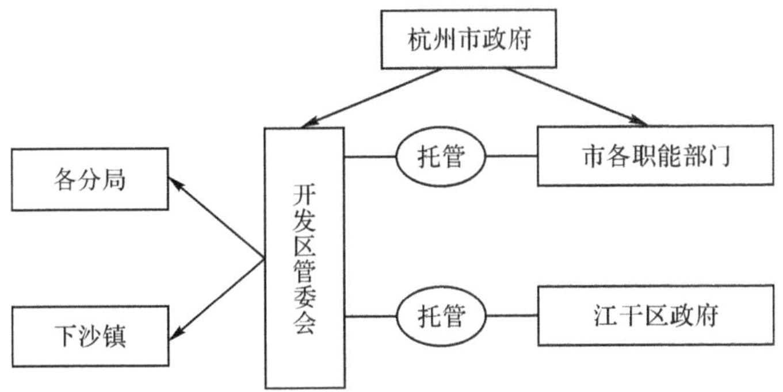

图 1　杭州市经济技术开发区行政托管模式中各权力主体之间的关系和权力转移的过程

杭州市经济技术开发区管委会与被托管的下沙镇之间属于领导与被领导的关系，管委会对其负有直接责任。开发区管委会享有对下沙镇的全部行政权力和职责，主要包括以下几项：(一)拥有对下沙镇进行总体规划和经济、社会发展计划的权力；负责区域内农业、工业、商贸、组织、人事、劳动和社会保障、公安、司法、行政、民政、文化、教育、科技、卫生、计划生育、体育等经济和社会发展方面的各项党政管理工作。(二)负责区域内的土地规划、征用、划拨和土地使用权的出让、转让工作。(三)管理区域内的财政、国有资产、审计、物价、统计等工作以及市委、市政府授予的其他职权范围内的工作。①

从公共管理学的角度看，杭州市经济技术开发区通过行政托管所建

① 《中共中央杭州市委、杭州市政府关于同意将江干区下沙镇委托杭州经济技术开发区管理的批复》，市委发〔1999〕21 号。

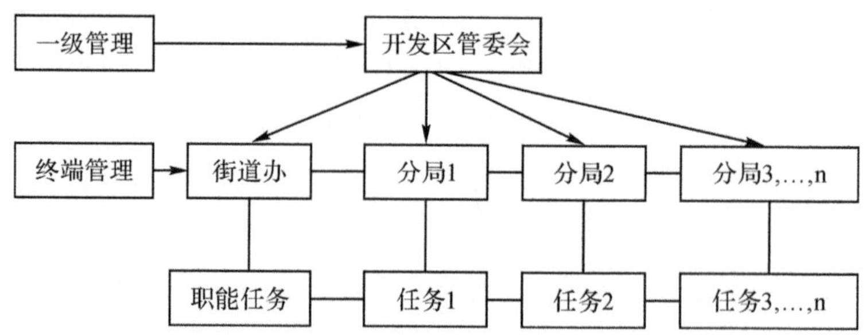

图2　杭州市经济技术开发区管委会行政组织结构模型图(1)

构起来的管理机制,是一种扁平式的组织结构。杭州市经济技术开发区管委会作为杭州市政府的派出机构,直接受杭州市政府的领导,经托管后拥有杭州市政府和江干区政府各职能部门的权力,从行政层级上来看,在实践中是比较高的,相当于区政府一级甚至高于区政府半级,但从其内部权力结构来看却只是两级,形成了扁平式组织结构。这种扁平式的组织机构是随着市场化改革而出现的,它的突出特点和优势是:(1)通过减少管理层级,扩大管理幅度,使上级能够更加有效便捷地管理到下级,实现信息传递的快速和不失真;(2)管理结构实现权力重心下移,降低人力资源的空置率,降低管理费用;(3)这种组织结构通过上下级之间的密切关系,充分调动下属人员积极性和创造性,有利于提高管理效率,提升管理效能。①

开发区管委会采用这种扁平式的管理结构模式是加快推进行政管理体制改革、有效提高行政组织效能、适应市场化进程有益的尝试。

从行政组织学上看,杭州市经济技术开发区管委会的组织结构属于矩阵结构。这一结构的突出特征和优势是:(1)以工作或任务为核心,从相关功能部门借调人员组成临时机构来完成工作任务;(2)垂直领导和水平领导并重,横向联系得到加强,使专业设备得到充分利用,人员能够发挥其所长,同时可以促进各种不同的专业人员之间的互助合作,相互补充;(3)该结构能够有效维持组织的稳定性,实现组织成员综合优势的充分发挥,组织效率相对较高;(4)能动性较大,可以灵活地适应实际情况,

① 陈振明:《公共管理学——一种不同传统行政学的研究途径》(第2版),中国人民大学出版社2003年版,第50—52页。

更能适应复杂的工作需要，能轻松完成任务，适宜较大规模的公共组织。①

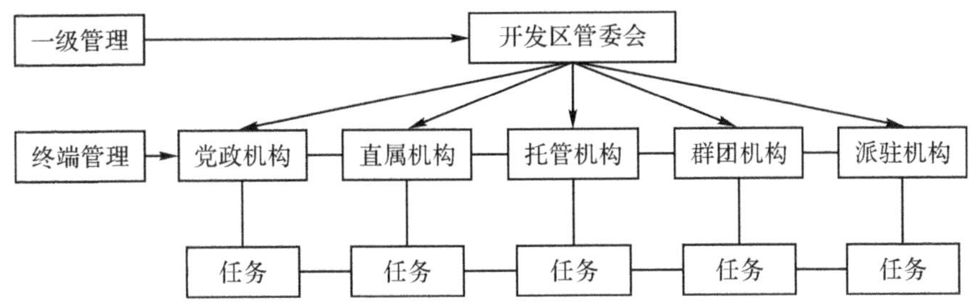

图 3 杭州市经济技术开发区管委会行政组织结构模型图(2)

四、“行政托管”性质分析

综上所述，行政托管是指地方政府作为行为的主体，为了突破开发区发展的瓶颈，促进地方经济的繁荣，在不改变行政区划的基础上，在行政辖区内通过授权的方式，将开发区周边的乡镇或街道社区全面托管给开发区管委会，由其负责被托管的乡镇或街道社区的党政、经济和社会事务，以实现特定区域在本辖区内的发展目标。

一般而言，托管是受托方和委托方双方的行为。托管的运行机制就是委托方基于对托管方的信任或了解的基础上，通过订立契约的方式，将自己所拥有的权力或利益暂时性地委托给受托方管理和处分。行政托管是由上级机关在权限范围内，通过权力分工的方式，指定某一下级行政主体作为委托方把本属于自己的部分事务和权力整体委托于另一行政主体管理和行使，由该托管行政主体负责管理并承担相应的法律责任；委托方行政主体保留基于行政区划名义上的领导权和监管权或者业务指导权，以使托管行政主体具备实现特定战略目标的综合性管理权限。

行政托管本质还是权力的配置，是行政权力机关在其管辖范围内对不同权力主体之间做出的部分调整，实现了对行政权力的重新分配，但行政托管不同于行政委托和法律法规授权这两种行政权力配置模式。首先，行政托管与法律法规授权不同，法律授权是永久性的赋予，除非法律变更，法律法规授权产生的直接后果就是新的行政主体的出现；而托管模

① 尹钢、梁丽芝：《行政组织学》，北京大学出版社 2011 年版，第 44—60 页。

式中管理主体是因上级机关进行权力调整而获得管理权限，具有过渡或临时性特点。但是行政托管则不会。其次，行政托管不同于行政委托。行政托管和行政委托都具有暂时性的特点，但是二者在本质上确实是截然不同的：虽然行政托管与行政委托具有形式灵活、运用方便的特点，但是由于开发区发展管理需要运用综合性的权力，仅仅依靠单项委托无法满足开发区管理的需要。行政托管是一种整建制的管理权限的转移，而没有委托模式中“代理”的特征。①

作为我国推进市场化改革的实验基地，在国家和地方政府的大力支持下，开发区享有独特优惠政策和更加简化的管理体制，能够最大化地发挥出体制创新的能力，在吸引和利用外资、引进国外先进的技术和管理经验、大力发展进出口贸易、优化产业结构调整等方面，根据实际需要，不断冲破旧体制的限制，进行大刀阔斧的改革和试验。同时，开发区也是我国经济发展中的一支重要力量。通过良好的社会基础设施环境、得天独厚的自然环境和政策环境，迅速集聚大量的科技和产业资源，持续推动区域经济的高速发展，使其成为中国经济发展中的重要力量，发挥着经济“引擎”作用。据统计，截至2012年12月，全国开发区以占全国不到2%的土地面积创造了全国GDP总量的12.8%。2012年，纳入统计的171个国家级经济技术开发区实现地区生产总值5.4万亿元，工业增加值3.8万亿元，第三产业增加值1.2万亿元，财政收入1.1万亿元，税收收入9339亿元，进出口总额7411亿美元，分别占全国总量的10.4%、19.2%、5.3%、9%、9.3%和19.2%，同比分别增长15.6%、13.6%、17.7%、12.7%、15.9%和4.8%。因而，开发区已经成为经济的增长极、税收的核心区、产业的先行区。②

第二节 “行政托管”管理模式产生的制度环境

一、渐进式改革下中央对地方政府的“试错性”改革的默许

对于中国改革的进程，国内许多学者都做出了很多的研究，虽然人们

---

① 安子明：《政府体制改革中的“托管模式”研究》，《中国行政管理》2011年第11期。

② 数据来源于2014年5月23日浙江大学公共管理学院召开的“中国地方政府创新论坛(第一讲)”发布的数据，http://www.cadz.org.cn/index.jsp.

对于中国改革进程的内在机制有着不同的认识，但是大多数的学者对于中国改革进程是渐进式的进程判断达成了广泛的共识。对于中国的改革，这种“试错性”有其存在的必然性。首先，历史证明，体制上的重大突破，往往来自基层，这主要是因为基层民众和基层政府所肩负的责任和失败后造成的损失不是很大，由于具有先天的优势，处于基层的民众和政府敢于进行“试错性”的尝试，甚至是“非法”的创新实践。作为中国改革起点的农村改革，是饥饿贫困的农民在偷偷摸摸的环境下搞出来的；乡镇企业的“异军突起”一样给改革领导者们一个惊喜，甚至于后来的民营经济的发展亦是如此。整个改革的进程就是“摸着石头过河”的“试错性”的改革。其次，中国改革方向、改革目标的确定是多元力量的作用的产物，即使是先知先觉者对市场化改革的取向有了一定程度的认识，也需要经历一个相当长的思想交锋的过程，才能在改革领导层达成共识。

在长期的计划经济体制下，造成了中国各级政府官员形成一种思维定式，甚至形成了一种观念变革和体制变革的路径依赖。而几十年来对于各种“走资本主义道路”行为的政治清算，也早已经使市场经济的运作机制被我们的社会所排斥，既然改革开放是前无古人的创新，既然要从根本上改革旧体制对生产力发展的束缚，“摸着石头过河”也就成为必然的选择，也是一种理性的选择。没有人知道如何完成管理体制的进一步转向，只有通过试错才能够在改革中找到正确的方向；只有通过试错才能为改革积累更加丰富的经验。正是由于渐进式改革进程中这种“试错性”改革方式的存在，中央政府才要充分调动地方政府的主动性、创造性，对其行为在一定限度内予以包容，在推进全局性改革之前会让地方政府直接或间接地主导局部性的变革实验。在这种情况下，在变革的过程中中央政府必须要对地方政府给予一定的宽容，允许改革进程中错误的存在。在这样的制度环境下，当地方政府获得了相对独立的利益，并成为相对独立的行为主体时，在很大程度上地方政府就会千方百计地“用足政策”去进行扩张，突破一些旧的限制地方政府行为的规则。渐进式改革下中央对地方政府的“试错性”改革的默许，成为地方政府制度创新的保护伞。

中国的改革本身就是“摸着石头过河”的渐进式的改革，开发区本身作为行政管理体制改革的试验田，在体制创新和寻找制度改革新的生长点中拥有着更为自由的政府行为空间。从 20 世纪 80 年代我国建设开发区开始到 90 年代初期，开发区制度的设计是来自国家层面的一种强制性的顶层设计模式，地方政府必须以上级政府机关的做出的要求为基准。从 20 世纪 90 年代后期开始，情况却发生极大的改变，国家逐步放开对开发区的体制模式的强制管制，诱致性的创新逐渐成为开发区行政管理体制创新的主流。这一制度的变迁方式，也就意味着国家级开发区在不断发展的过程中，在适应本身发展需要的情况下进行着管理体制的创新。在这种情形下，地方政府利用行政权力调整开发区与其周边地区的关系，扩大开发区的管辖面积，增加开发区持续发展的潜力，开发区“行政托管”出现也就不足为奇了。一旦开发区行政托管这一诱致性的制度创新在实践中卓有成效，却又没有收到来自国家层面的强制制止之后，就会引发了示范效应，地方政府在这种默许的状态下不甘于落后，纷纷效仿，以期在国家制止或推广之前尽可能地占尽先机。

二、行政区划难以突破下的权宜之计

中央与地方的关系一直以来就是困扰一个大国治理的历史性问题。新中国成立以来，中央政府也在寻求对国家秩序的有效控制，同时还要注意调动地方政府的积极性。我国的整个政治体系是在民主集中原则下建立的，其追求的基本目标就是使中央政府与地方政府的积极性都能得到发挥，同时又能保持中央对地方的有效控制。但是这一原则的制度化、法律化和具体化并没有取得根本的进展。中央政府与地方政府之间关系的协调只能依赖政策性、行政性的调整，这样调整的背后就隐含着随意性。

行政区划是国家对地方行政区域的划分。即国家为了便于行政管理，按照国家的需要，将全国领土划分为若干级别层次、大小范围不同的区域，并在各个区域里设置相应的地方各级国家政权机关和行政机关。地方行政区域和相应的地方国家政权机关、行政机关是一个统一体，二者相互依附。关于行政区域的决定权划分，全国人大决定省级地方的设置和决定特别行政区的设立及其制度，省级人民政府决定乡级行政区域的设置，其他的全部由国务院决定。法律法规授权在一般情况下不能轻易使用，除非具备了充分必要的条件，这种大规模授权在实际操作中因受到制度限制而不能实现。地方政府若要通过这种正式渠道进行开发区的规划建设，就需要报请国务院进行审批，这期间需要花费大量的人力、物力等行政成本，同时还要负担起开发区开发背后的巨大压力，这就给地方政府造成了巨大的压力。但是地方政府为规避这巨大的成本压力，同时还要坚持行政区划完整统一，就会最大限度的利用地方政府的权力，通过设立派出机构、在行政区域内行政权力的内部调整进行行政托管以实现开发区的扩容的目的。“行政托管”是开发区由单一的经济职能向全面的城市功能转变的过程。在不触动现行体制的前提下，突破开发区用地的行政区划桎梏，为开发区的发展提供更加雄厚的资源支持。属于一种变通之策、试点之举。

三、缺乏法理和规范情形下的变通之举

在渐进化的改革进程中，我国的改革虽说是一种“增量性”的改革，但是这种改革往往是从制度的夹缝中探索出来的，缺乏必要的法律依据可以说是再正常不过的。开发区管委会的成立是地方政府为了更好地实现对开发区的管理，这样的模式达到了开发区内政企分离的目的，更好地对开发区进行管理，同时又能有效地降低成本，提高效率。这种运作方式是通过地方权力机关立法或地方政府授权的方式来组建，代表地方政府对开发区统一管理。在形式上，开发区管委会作为地方政府的派出机构，主要行使开发区内的经济管理职能。不是一级政府，却要承担政府的许多职能。截至目前，开发区管委会的性质究竟如何依然没有得到法律的明确界定。虽然目前国内许多开发区成立之初所颁布的条例中明确了开发区管委会是地方政府的派出机构，但是这种接受委托的组织能否成为行政主体却是个疑问。从理论上来说，开发区管委会在实践中承担着大量的经济管理和社会管理职能，但是却找不到具有行政主体资格的明确法律法规依据，作为公权力的调整方式，并不是现行法律明确规定的方式，它的合法性依据需要更加原则化和抽象化。然而，在实践中开发区管委会具备行政主体的三要素，证明了其成为行政主体的现实性。[①] 在这种情况下，开发区被推到了一个十分尴尬的位置上。

---

① 李秀芝、谷帆凯、魏宁宁:《经济技术开发区管委会经济管理主体资格探究——以杭州下沙经济技术开发区为例》,《法制与社会》2011 年第 12 期。文章以杭州经济技术开发区为例进行了实证性研究，得到的结果是在实践中的管委会具备行政主体的三个要素，具有经济管理主体资格。

开发区的权限主要是来自地方政府通过的开发区条例中的授权。目前对开发区进行行政托管相关规定的法律文件是地方政府或地方人大制定并通过的开发区管理条例，虽说像这种地方在自主探索改革的过程中颁布的地方性法律法规不在少数，由于行政权力与普通的管理权具有不一样的属性，其是否真正能够进行托管需要有明确的法律来明确说明。但是这种明显缺少国家层面的法律法规的相关文件作为支撑的地方性法规，在实践中真正具有多少效力还是很难界定的。在开发区管委会的级别定位、授权范围及其机构设置、人员编制和各自职能设定等方面均存在授权不清和法律程序不规范、混乱等问题。行政托管的性质、范围、时间、内容、审批权限和程序、二者之间的从属关系、业务主管部门及其监管责任等，无法可依、无章可循。在管理和财政收支上，带有不规范的特点。主要是监督机制不健全，财政预算脱离人大监督，政府采购、国库集中收付等财政制度落实不到位。

以内蒙古呼和浩特市沙尔沁镇为例，沙尔沁镇原隶属于呼和浩特市土左旗，各项职能与旗县都能做到有效的对接。但是沙尔沁镇于 2012 年 6 月被呼和浩特经济技术开发区正式托管。沙尔沁镇原本就是农村地区，是以农业为主，财政中的涉农项目比较多，但在托管之后，由于呼和浩特经济技术开发区作为呼和浩特市的行政派出机构，只下设了 7 个局室，这些局室无法与沙尔沁镇涉农项目对接。在这样的情况下土左旗依然承担着沙尔沁财政中有关中央财政下达农村的专项资金拨付任务。土左旗财政部门对此很不理解，沙尔沁镇既然已经托管给开发区，与之相关的事务也应移交给开发区处理。可是开发区管委会又没有得到相关行政职能的授权，工作无法在开发区内开展。在沙尔沁镇除了财政之外还有很多社会管理职能都无法在开发区管委会得到正常处理。

更有甚者，在开发区托管乡镇之后，有些地方还出现了第三方委托管理。其职能划分如下：开发区享有人事权、财政权和社会事务管理权；行政托管地保留人大、政协关系；其他区对户籍进行管理。这样的情况出现在石家庄高新区，栾城县的郄马镇托管给高新区之后，高新区享有郄马镇的人事权和财政权；栾城县保留了郄马镇的人大、政协代表委员关系；与开发区相邻的裕华区却要对郄马镇 2 万多农民户籍进行管理，然而这些农民的居住地并未发生变化，变化的只是户籍信息上的栾城县变成了裕华区。

面对开发区托管中出现的困惑与难题，国内许多地方也进行了先行先试，但是遇到了很大的阻力，在涉及一些具体改革的操作上，基层干部面临的最大困惑是"一试就违法、一试就碰线、一试就无依据"，体制改革创新难有重大突破，有的甚至是半途而废。为了实现开发区的持续健康发展，2010 年 8 月武汉市政府常务会议审议通过了《武汉东湖高新技术开发区条例(草案)》。2010 年通过的这个新条例是以 1994 年的条例为基础的，根据高新区发展变化的实际需要做出了一定程度的修改，这次修订的重点是为东湖高新区管理体制进行松绑，肯定自主创新。新条例赋予了管委会更多的自由权，以机构设置和人员体制为例，高新区管委会在不超编超额的情况下，可以根据开发区的实际需要自行设置内部管理机构。此外，新条例中还增加了对东湖高新区管委会新的授权，例如在一定的条件下，允许高新区将部分职能移交给社会组织。修改后的新条例虽然得到了武汉市政府及武汉市人大常务委员会的通过，但是，截止到 2012 年，新条例却一直没有得到湖北省和国家的批复，所有的改革尝试均已搁浅。①

第三节 "行政托管"体制下开发区"乱象"

行政托管是地方政府在本辖区内实行的行政管理体制内部进行的暂时性的权力分配，直接扩大了开发区的管辖面积，为开发区的进一步发展拓宽了空间，提升了开发区的发展潜力，同时运用这一方式还最大限度地降低了行政成本和时间成本，为开发区经济持续发展提供了有力保障。但是"行政拖管"并不是十全十美。"行政托管"是地方政府在寻求开发区发展过程中的一种非常规性的策略，虽然这种方式得到了地方政府想要的结果，可是其缺乏必要的法律依据，开发区管委会不是一级政府却在行使政府职能，受托管主体的合法性受到质疑；在托管之后由于缺乏明确的法律授权，造成了开发区与被托管区域行政管理秩序不顺畅等一系列问题。

(1)开发区的管理模式不适应被托管地区，或者难以与被托管地区有

① 南焱、李凤桃、白朝阳：《开发区"托管现象"》，《中国经济周刊》2012 年第 44 期。

效衔接。多数开发区都只设立一个开发区管委会以综合管理各项经济社会事务，不设立人大、政协机构和司法机关，开发区管委会无法对被托管区域实施归口管理。(2)托管导致开发区地域的扩大和人口的增加，开发区管委会不仅要管理好经济事务，还要向公众提供公共服务，这对人员编制和经费受限的管委会而言是不堪重负的。如果扩充管委会的规模又会导致机构膨胀、效率降低，难以集中精力管理经济事务等问题。(3)开发区依赖各种优惠政策起家，会吸纳周边地区的社会资源，形成漏斗效应，与邻近区域发生利益冲突。又因为开发区只是一级政府的派出机构，不具备独立的行政主体资格，在对被托管区域进行管理时不得不假手于行政区划所在地的政府，容易遭受掣肘。(4)在缺少相应指导规范的情况下，托管模式易引发开发区用地的全面失控，违规用地一直是开发区发展过程中备受诟病的。托管模式使开发区用地面积大大增加，以南京经济技术开发区为例，通过对 4 个街道的托管，开发区的控制总面积增加了 170 平方公里，人口增加了 14.5 万，分别是开发区建成区的 5.7 倍和 1.5 倍。

开发区是把双刃剑，在创造 GDP、引领地方经济发展的同时，也伴随着盲目扩张、盲目设立、粗放式增长等问题，导致了严重的资源浪费和环境污染，为我国经济社会的转型发展埋下隐患。

一、擅自扩大开发区园区面积，浪费大量耕地

城市经济依赖于土地，开发区建设也成为城市政府控制土地资源的重要手段。托管，就成为当前全国开发区“解土地之渴”的常用方法。2013 年 6 月 13 日，国土部公布了四起国土资源领域违法违规案件的处理情况，这四起案件分别是吉林省奇瑞重工吉林有限公司违法占地案、湖北省枣阳市开发区管委会违法批地案、陕西省西安沣京工业园开发服务实业公司违法征地占地案、广西壮族自治区隆林县马雄金矿越界采矿案。这四起案件中有三件均为开发区(园区)内的违法用地。许多地方政府擅自将经国家核准了的工业园区面积扩大，开发区违反了土地利用总体规划，而且圈占的大部分都是耕地甚至是基本农田。有些地方政府对开发区进行了初步的成片开发，首先搞好几通一平，致使耕地被破坏，有的甚至无法复耕。有些强行圈占的耕地一直撂荒，却不让村民耕种。房价地

价高企的今天，寸土寸金的城市中心区大量的土地却以各种名义晒着太阳。强行圈占耕地，一方面造成大片耕地被破坏，使我国耕地保护制度得不到有效落实，耕地面积大量减少，从而威胁国家粮食生产安全。另一方面，造成了国有土地使用权出让金的大量流失，据估算，近些年来，开发区土地优惠政策减免的出让金达数千亿元人民币。为了更好地打击土地违法行为，近年来，在全国土地执法检查中，国土资源部使用卫星遥感图片监控，犹如“天眼”。然而，一些地方造假的手法从来五花八门，甚至连“天眼”都会被蒙蔽。记者曾听说某地在开发区新修的道路上铺上玉米秸秆逃避“天眼”。2011 年 7 月，湖北襄阳市双沟工业园别出心裁，在建好的水泥路上“填土种菜”，被媒体称为玩“行为艺术”，目的就是在“天眼”底下玩“隐身”。

二、自定优惠政策、违规减免税费等

为了吸引外来投资，体现竞争优势，开发区开出种种优惠条件吸引项目进驻。税收方面，除国家规定外资企业可享受所得税率 15%及“两免三减半”的优惠政策，一些开发区出现自定所得税“两免五减半”“五免五减半”以及其他税种地方所得部分返还等违规做法。包括财政资助、规费减免、纳税奖励、招商奖励等优惠政策，甚至在税率减免、土地使用上超出了权力范围，诸如以前对入驻企业的退税，现在改称为科技扶助基金。一些开发区招商引资的推介资料中，“一事一议”这个词语也频频出现，最后“议”到了十分离谱的地步。如：东部某省一山区市违规设立的工业园区，开出的就是“三年内减免企业所得税”“五年内企业缴纳的所得税地方净收入部分给予奖励”的优惠条件。目前，税收优惠政策导致开发区内企业与区外企业的税负水平相差很大。有消息说，开发区区内企业和区外企业的平均所得税负担率分别为 11%和 27.9%，相差 16.9 个百分点。差距太大带来的利益驱动，造成开发区任意扩大。很多不是开发区的企业，也享受开发区待遇，钻了国家的空子，却没有拉动地方经济技术水平的提升。这些低成本无序招商，免费提供土地、无限期延长税收优惠等不良做法，人为制造恶性竞争，使国家税收大量流失。据国家税务总局的消息，截至 2004 年 3 月底，全国各地税务机关在对 2527 个开发区的税收优惠政策清理检查过程中，发现因乱开优惠口子，使得国家减少税款收入 4.3

亿元。据《中国经营报》报道：2009 年 6 月 3 日，在人民大会堂举行的中国科学与人文论坛上，曾任国家审计署审计长的李金华透露，6 省区 80 个开发区由于二元税制下实行的不规范操作，导致除正常减免税收外，税收流失 65 亿元。开发区以减免税收的方式吸引高新技术企业，以暂时的税收收入的减少，促进地方经济发展、扶持企业技术升级是正确的。但是，如果引进的企业不是高新技术企业，不仅不会带动技术等级的提升，还会造成国家税收的流失，这是得不偿失的。这种恶性竞争，还造成本地企业与外来投资者的不平等竞争；一些外来投资企业，在优惠政策期限过后就绝尘而去，或改头换面成立新公司，造成企业投资行为短期化，进一步恶化了开发区的经济发展状况。

三、政府职能缺位，企业负外部性问题严重

“外部性”是经济学中的概念，它是由剑桥大学的马歇尔和庇古在 20 世纪初提出的。所谓外部性，即“未被市场交易包括在内的额外成本及收益”，只要一个人或一家厂商实施了某种直接影响他人的行为，而且既不用赔偿，也不用得到赔偿的时候，就会出现外部性。外部性有正、负之分：正外部性，是指无偿给他人带来收益的外部性，此为正外部性的表现形式；外部性无处不在，负外部性则是指未经他人同意而施加给他人额外成本的外部性。外部性问题通常特指负外部性。外部性扭曲了市场主体成本与收益的关系，会导致市场无效率甚至失灵，而负外部性如果不能够得到遏制，经济发展赖以存在的环境将持续恶化，最终将使经济失去发展的条件。在当今社会，开发区企业负外部性多表现为由于发展工业而造成的环境污染问题。企业进行生产活动，必须要投入一定的物质资源，由于技术条件和成本的限制，所投入的资源不能得到百分之百的利用，就会产生废弃物（废水、废气、废渣等）。当企业认为将生产废弃物排入大气、江河湖泊的成本小于其他处理方式的成本时，为取得成本优势，达到利润最大化的目标，它就会以牺牲环境为代价来进行生产。

理论上我们可以推导出政府在解决负外部性问题上是有效率的，能够代表公共利益需要，但事实上，政府是公共利益代表这种理想化认识与现实相距甚远。因为政府是由各级机构和各层官员组成的，在这里就存在着政府机构和政府官员自身的利益需求，这种特殊利益需求的存在，使

得政府不能毫无偏私地以公共利益作为制定经济政策的出发点，而往往表现为以政府机构的利益偏好或官员偏好作为出发点。这样在解决负外部性问题上，政府有时候就会忽视甚至是回避。在当前，开发区管委会成为市场竞争的主体，在市场竞争负外部性监管的主体就无形中消失或大大弱化了。为了尽快干出政绩，某些时候某些开发区管委会自身就沦为了负外部性问题的制造者，更不要奢谈监管了。食品安全事件、生产安全事故、生态环境灾难是政府在质检、安监、环保等外部性管理上的缺位。上文提到的政府治理企业负外部性的手段，在开发区并没有真正发挥作用。首先，在财政手段上，由于我国开发区往往是依政府主导模式而发展起来的，许多明星企业都是从外部嵌入的，在这个过程中政府主要是通过提供土地和优惠政策来吸引企业进区而形成企业的空间聚集的，不仅没有征庇古税，反而通过各种优惠放任这种负外部性的滋长。其次，在行政手段上，一些干部往往将政绩看得比其他因素更重，导致其决策出现扭曲。竞争行为短期化。为了争取干完一届后就提拔，有些干部往往不惜采取各种手段，只顾眼前、只顾在任期间的经济社会发展。最后，产权手段和法律手段的前提之一是产权必须界定明确，然而现实中很多产权是没有界定且有些产权难以界定。因此在具体适用上具有一定的局限性。

由于政府职能缺失，许多开发区污染严重，整个园区以及周边覆盖着白茫茫一层粉尘，随风肆意飞扬，这里的树叶因受污染空气毒害，一夜凋零。2013 年 2 月 20 日，河南省环保厅下发了《河南省环境保护厅关于加快推进产业集聚区污水处理厂建设的通知》(豫环文〔2013〕48 号)，其中显示，"全省 180 个产业集聚区中，有 157 个需要规划新建污水处理厂。截至目前，污水处理厂已建成投运的只有 27 个，仅占应建总数的 17.2%。未开工的还有 67 个，占应建总数的 42.7%。尽管在 180 个产业集聚区中，有 101 个目前暂时可以依托原有城市生活污水处理厂处理工业废水，但这些城市生活污水处理厂的平均负荷已经高达 85.1%，已经难以再继续承受生活污水、生产废水均快速增加的双重压力。在 56 个无现有污水处理厂可依托的产业集聚区中，目前仅有 18 个建成了污水处理厂，其余 38 个产业集聚区的工业废水近期无明确的排放去向，不同程度地影响了工业项目落户园区。尤其值得关注的是，其中有 14 个污水处理厂至今尚未开工……”①

四、有令不行，有禁不止

有令不行，有禁不止的后果是，一方面扰乱土地市场秩序和招商引资环境，完全脱离市场经济规律运行；另一方面，以开发区名义招商引资上项目，突破了用地“闸门”，自定优惠政策、违规减免税费等各种越级逾规的行为早已成风。土地市场治理整顿工作开展了 3 年，作为主要内容的开发区清理工作取得了明显成效，一大批违法违规设立的开发区被核减。此后，防止开发区违法用地反弹，一直是中央高度重视的问题，先后出台了一系列政策措施。然而，现在看来，开发区乱象呈反弹之势。经过土地市场治理整顿，一度被打压下去了的开发区乱象又“死灰复燃”“暗流涌动”。监管不到位，惩处不力，是开发区乱象反弹的重要原因。据了解，这些工业园区，很多是土地市场治理整顿期间隐瞒没有上报，于是蒙混过关了。还有的是整顿期间撤销了，但明撤暗不撤，风头过后又上马。对于这些开发区、园区，当地政府和有关部门不可能不知道。主要原因还是地方政府主要领导发展观的问题。发展经济是各级地方政府的重中之重，对那些经济相对落后的地区来说，尤其如此。为了发展，这些地方政府领导往往仍将开发区作为吸引投资的“法宝”，大肆设立各种名目的开发区，置国家政策、规定于不顾。但是几年下来，原本是作为重要优惠条件的土地资源几乎“奉送殆尽”。2011 年，安阳高新区又开始为没有土地供企业入驻发愁了。也有人表示，这个问题的解决办法是靠政府下一步将高新区范围扩大，在高新区周边征用更多的土地——这似乎进入了一个恶性循环。

近年来，一些地方出现了以工业园区、产业园、集中区等名义违规设立开发区、随意圈占土地、扩大开发区面积、擅自出台优惠政策、低水平重复建设的苗头和倾向。也有很大一部分开发区在开发过程中，并没有按照相关的规划进行发展，有的开发区在土地财政的驱使下已经变成了“新造城区”，也有的开发区由于地方财政制约、项目难以落户，成了“开而不发”的园区，从本质上失去了开发区原有的经济意义。当前开发区的违规

① 姚炎中、单一良：《开发区“乱象”》，《21 世纪》2013 年第 7 期。

设立、扩区行为，发生在中央一再强调加强土地管理、严格保护耕地的大背景下，尤其发生在《国务院关于深化改革严格土地管理的决定》颁布实施、中央加强土地调控之后。有令不行，有禁不止，甚至顶风违法，其性质非常恶劣，后果非常严重。2004 年国家下定决心清理全国的开发区，共清理出六千多个开发区。开发区如此泛滥，圈地如此疯狂，表明法律和政策在各级政府面前都成了一纸空文。问题闹到这种地步，本身就意味着各级政府平时没有履行自己的职责，不是阳奉阴违就是公开无视法律和政策，这势必将削弱中央宏观调控的力度，影响国家宏观调控政策的实施，给经济健康运行埋下隐患。

第四节 “乱象”产生的原因分析

一、地方政府追逐地方利益日益突出

从理论上来讲，政府代表的是公众利益，不应该有自己的效用目标，也就是说，政府的效用目标就是实现公共效用的最大化。但是在现实生活中，政府的官员都是一个个活生生的人，这些官员的个人行为在某些情况下也会影响到政府的行为。虽然在公共选择理论中的“经济人”和政府自利性假说[①]有失偏颇，但是它却给我们提供了一个很好的研究视角。在实证分析中，地方政府追逐地方利益的现象日益突出。改革开放以后，财政体制、行政体制、干部人事制度等方面的一系列改革，使得中央与地方之间原来那种简单的“命令—服从”关系被打破，各级地方政府作为地方利益代言人的角色日益突出，地方利益成为制约地方政府行为的关键变量。在我国现行的财政体制下，地方经济的发展是地方政府扩大财政收入和各种预算外收入的源泉。

除了经济利益的联系之外，在市场化改革的进程中地方政府的合法性基础也发生了重大变化。从改革开放的发展历程看来，传统意识形态的束缚日趋衰微，“绩效合法性”[②]这一观念在民众心中逐渐树立起来，并

---

① 何显明：《市场化进程中的地方政府行为逻辑》，人民出版社 2008 年版，第 182 页。

② 塞缪尔·亨廷顿：《第三波——20 世纪后期民主化浪潮》，刘军宁译，上海三联书店 1998 年版。

通过发展经济、提高地方民众生活水平、满足地方民众的基本需求等方式，从而获得民众对政治体系的认同。地方政府既要作为中央政府在地方的代理人，同时还要作为地方民众的代理人，这就要求地方政府努力发展壮大地方经济实力，不断满足地方民众需要，维护好、代表好地方利益，否则将会受到地方舆论的谴责。当地方政府权威的合法性越来越多地来自"绩效合法性"时，地方政府将会尽一切努力去追逐局部利益最大化，实现地方利益最大化。地方政府合法性基础的变迁和地方政府作为地方利益代言人角色的日益突出，决定了地方政府必须要配合地方精英和当地民众，突破中央政府政策的限制，推动地方经济发展。开发区的发展形成了产业集聚的效应，地方政府会积极网络地区商业精英或国内外知名企业来开发区投资，促进开发区的经济发展，实现地方利益最大化。当开发区发展空间成为限制开发区发展的障碍时，地方政府为追求地方利益，促进经济发展，通过行政托管扩大开发区的发展空间，促进开发区的经济发展，增强地方政府的"绩效合法性"也就顺理成章了。

二、政绩考核模式下的催化效应

改革开放以来，党的工作重心已经转移到经济建设上来，特别是随着压力型体制的逐步形成，在政府考核和干部选拔过程中，政绩被摆在了突出位置上。1998 年 5 月中央组织部印发《党政领导干部考核工作暂行规定》中对"工作实绩"做出了明确规定。其中关于领导班子的考核内容规定："在经济建设、社会发展和精神文明建设、党的建设方面所取得的成绩和效果，在推进改革、维护稳定方面取得的成绩和效果。"对地方县以上党委、政府领导班子的工作成绩要求主要包括："各项经济工作指标的完成情况，经济发展的速度、效益和后劲，以及财政收入增长幅度和人民生活水平提高的程度；教育、科技、文化、卫生、体育事业的发展，环境与生态保护、人口与计划生育、社会治安综合治理等状况；党的思想、组织、作风、制度建设的成效等。"对领导干部的工作实绩考核内容主要包括："在完成任期目标和履行岗位职责过程中所提出的思路、采取的措施、发挥的具体作用以及所取得的绩效等。"

在明确的政绩考核体系的刺激下，各级地方政府及地方政府领导者把政绩放在了首要位置，为实现在任职期间内最大化的创造政绩开动脑筋。“政绩所产生的作用是一只看得见的手”[①]，对于激励各级地方官员开拓进取，争创业绩产生了十分强大的作用。地方政府官员的政治前途在很大程度上取决于在任期间所取得的政绩。然而当前的这种政绩考核体系是以国内生产总值和财政收入增长指标为核心的，是一种具有强烈的功利性的激励机制。地方政府官员把经济技术开发区的发展壮大所带来的地区国民生产总值作为自己追求政治前途的一个重要的砝码。地方政府官员在开发区的管理和发展壮大过程中将自己手中所拥有的行政权力发挥到极致，行政托管这种既节省行政成本又能带来地区经济快速发展的有效方式，当然备受地方政府官员青睐。

三、政府间竞争的压力

所谓地方政府竞争，一般指的是一个国家内部不同行政区域地方政府为提供公共物品，吸引资本、技术等生产要素而在投资环境、法律制度、政府效率等方面开展的跨区域政府间的竞争。[②]

改革开放以来，放权不断深入，政府相对独立的利益结构及其地方利益代言人角色的日益强化，决定了地方政府要加快地方经济发展，以实现政绩最大化，增强其“绩效合法性”，这就需要地方政府努力营造出与其他地方政府相比较时产生的竞争优势。迫于地方政府间的竞争压力，地方政府在营造这种竞争优势时，会采取各种手段，以各种非常规手段来加快地方经济发展，维护地方经济利益。向下满足民众和地方精英对政府的期待，向上以显著的经济增长绩效来传递自身的政绩信息，赢得政治晋升机会的最大化。地方政府在追求地方经济最大化的过程中面临着一个重大的约束条件，那就是在辖区内拥有的资源是有限的，资源的有限性也限制了地方经济的发展。要想在辖区内获得更多的资源，主要有两条途径：一是从中央政府那里争取，二是地方政府通过地方政策竞争，吸引更多的资源进入本辖区内。在激烈的区域竞争中，地方政府对地方微观经济的管理越来越强，手段也层出不穷。一般说来，地方经济实力越强，地方政

---

① 倪星、余凯：《试论中国政府绩效评估制度的创新》，《政治学研究》2004 年第 3 期。

② 刘汉屏、刘锡田：《地方政府竞争：分权、公共物品与制度创新》，《改革》2003 年第 6 期。

府干预经济的自主性越大，选择干预的手段越多，出台地方政策的空间也就越大。争取设立开发区就是其中一项重要的手段。

鉴于开发区在地方经济发展中具有不可忽视的作用，地方政府对开发区的发展始终开绿灯，最大化的发挥开发区产业集聚带来的经济效应。当开发区发展面临困境时，地方政府通过行政托管来增强开发区的发展后劲，力争在区域发展中获得更多的优势。

四、开发区自身权力运行的监督问题

各级政府在开发区问题上有着千丝万缕的经济利益和政治利益，这就成为政府积极运用手中权力的动力源。开发区在行政上不具有相对独立性，本身没有独立的行政事务，其管理行为受上一级行政组织的监督。然而，由于中国是一个超大型社会，中央政府必须依靠多级地方政府来实际运作政策执行的各个环节，这就造成地方政府拥有广泛的政策执行自由裁量权，同时中央政府因为监督成本和信息劣势，难以全面监督地方政府的政府职能履行情况。这样就产生了中央集权与地方事实上的分权杂糅并存的局面。当中央政府的政策与地方利益冲突时，为了自身利益，拥有不对等的事权责任、一定的管理权和处置权以及过大的行政自由裁量权的地方政府，往往会借着与中央信息不对称的掩盖，将正式的博弈遁形，搞起“上有政策，下有对策”的游戏，通过对中央政策的歪曲或某种程度的讨价还价来达到自己的目的。一旦权力缺乏制约和监督，就为有些开发区肆意圈占土地、工程项目中的腐败、对污染项目开绿灯等违规问题提供了制度空间。另外，国家有关部门将开发区的审批管理权上收了，但没有很好地履行监督管理职责。

第五节　对策建议

一、建立健全开发区法律制度

开发区管委会作为受委托的管理单位，必须要有明确的法律依据为其正身。由于受到制度惯性的影响，自开发区成立以来一直受到外部行政体制的干扰。为确保开发区管理体制的相对独立性，就需要通过立法赋予开发区管理机构独立行使管理的权力，使开发区在行使权力时有法

可依。

1.从法律上确认开发区管委会的行政主体地位

目前对开发区管委会地位和权力做出明确界定的都来源于地方政府颁布的开发区条例。条例中无不明确一点，即开发区管委会作为地方政府的派出机关，代表地方政府在开发区内行使行政权力。虽然管委会是地方政府的派出机构，但是在实际运作中，管委会确实是实实在在的政府机构，并在开发区发展和治理过程中起到了非常积极的作用。但是由于没有明确的法律为其正身，使其在法律上缺乏依据。鉴于此，有必要对开发区管委会加以明确，从法律上确认其行政主体的地位，赋予开发区管委会独立的行政执法资格，将管委会领导和管理下的开发区管委会模式纳入法制化轨道，消除由于资格模糊带来的不必要的麻烦。为此建议对我国《地方各级人民代表大会和地方各级人民政府组织法》做出部分修订，明确开发区管委会可以成为国家行政组织；与此同时还要对其中有关派出机关的规定做出补充，可以允许较大的市和设区的市经国务院批准之后，在本辖区的一定区域内设立代表市政府的派出机关，管理相关事务。

2.制定全国统一的开发区法

开发区设计之初有着明确设计理念，但是却没有统一的法律。开发区历经三十年的风雨历程，探索出了一条属于自己的发展道路。目前已经到了国家需要组织制定开发区法的时候了。国家层面出台全国统一的开发区法为开发区的管理和各项权限提供明确的法律依据。开发区法的制定应该收集国内开发区发展建设中的一些有益的经验，在广泛调研的基础上制定，在法律当中应该对开发区管理机构名称予以确认，还要对开发区机构设置，以及对开发区的合理授权和问责等一系列问题予以细化，为开发区持续稳定的发展提供良好的制度保障。地方人大可以根据全国人大指定的法律，在本辖区内并且在不违背上位法的前提下，根据地方的实际情况在制订条例的时候给予更加详细的规定。[①] 确保开发区的政策能够适合本地区的实际情况，实现地区经济社会快速的发展。

3.规范开发区的行政行为

现行的开发区条例成为开发区授权的来源依据，有的地方对开发区

① 潘波：《开发区管理委员会的法律地位》，《行政法学研究》2006年第1期。

的授权明显滞后于开发区的发展速度。缺乏明确的法律依据，开发区的管理就会出现混乱，不利于开发区的健康发展。为了规范开发区的行政行为要出台相应的法律法规，确保开发区在发展的过程中做到有法可依。开发区一般在地方经济社会发展中都起到了积极的作用，成为代表地方政府的一个窗口。开发区管理状况的好坏直接关系到开发区的经济社会效益，也关系到地方政府的形象，是地方政府软实力的表现。

二、理顺行政托管后的管理体制

开发区管委会与被托管区的关系直接影响着开发区的进一步发展，只有确立顺畅的管理体系，才能充分发挥好被托管区域的优势，增强开发区的发展潜力。

1. 明确授权

虽然目前开发区没有明确得到法律法规对其行政地位的规定，但在开发区的管理实践中却扮演着“准政府”的角色。开发区管委会作为地方政府的派出机构，其行使权力的主要依据是地方政府的规范性文件，如杭州经济技术开发区的《杭州经济技术开发区条例》，由浙江省人民代表大会常务委员会通过，并做出修改。为营造一种优势环境，提高工作效率，开发区所在地方政府必须明确开发区管委会的管理权限，尤其是在行政托管之后明确开发区与被托管区之间的关系，以避免开发区管委会与被托管区原上级领导部门之间因托管之后权责不明，相互推诿扯皮。为此可以通过开发区所在的市政府牵头，由开发区管委会与被托管区原领导单位进行协商，在协商一致的基础上把托管区域内的权限完全移交给开发区管委会，由开发区管委会全面托管，如杭州市经济技术开发区管委会通过与被托管单位下沙镇的上级领导单位杭州市江干区政府协商提出《关于将江干区下沙镇委托杭州经济经技术开发区管理的请示》，杭州市政府做出批复，同意将下沙镇委托给杭州经济技术开发区管委会管理，并且杭州市政府在批复中明确了杭州经济技术开发区对被托管区的权限。只有明确了开发区管委会对托管区的权限才能避免像沙尔沁镇这样的问题出现，实现开发区与被托管区的关系顺畅。

2. 做好被托管区的发展规划

开发区的发展规划务必要坚持科学发展观的指导思想。科学发展观是改革开放几十年来的经验总结，是一种指导思想，必须贯穿于社会主义市场经济建设全过程。开发区作为我国经济发展中的一支重要力量，在规划建设上务必要坚持科学发展观的指导思想。可是许多地方政府在发展中只看到了行政托管能够扩大开发区的面积，直接就是“拿来主义”，盲目地仿效，没有做好全面的规划。开发区的行政托管必须在考量到整个开发区的发展需要的前提下，做好统一的规划才能发挥出行政托管的优势。因此就需要做好开发区的发展规划，将被托管区纳入到开发区发展的总体规划当中。可以在被托管区域内保留原先的行政建制，继续保持原有的管理体系，但是要通过社区发展规划，建立现代化的社区，稳步推进被托管区域失地农民的城镇化。同时还要坚持三个原则，一是共同发展的原则，实现开发区与被托管区的共同发展；二是利益共享的原则，科学发展观的基本要义就是可持续发展，就要确立好利益分配机制，实现开发区与托管区的共赢；三是科学评价的原则，更加注重社会的全面发展。

三、发展开发区社会中介组织

社会中介组织是开发区发展建设中的一支重要力量。综观世界各国开发区的发展，凡是取得了成功的开发区，其内均有形成体系的社会中介组织。我国的开发区在中介服务组织的体系雏形也基本上形成，有效实现了企业创新，降低了生成成本，促进了开发区的优势创建和特色塑造。

我国的开发区在行政托管以后，开发区管委会的职能扩大，不仅要负担整个开发区的经济建设职能，还要抽出一部分精力对社会事务进行管理。因此，需要大力发展社会中介组织，使开发区管委会从琐碎的社会事务中解放出来，保证开发区管委会精干高效的管理体制。社会中介组织是开发区市场建设过程中不可忽视的一支力量，开发区健康发展需要它的发展壮大，发挥其服务作用。目前我国开发区社会中介机构数量不多、中介服务的行为不规范等问题突出，这些问题严重制约着开发区中介服务体系作用的发挥。因此需要强化中介服务体系建设，发挥中介服务机构的作用，促进开发区的发展。

1. 加强以行业协会为主的社会中介机构建设

要想最大化地发挥开发区产业集聚的优势，专业市场和行业协会等中介组织的发展建立是必不可少的。首先，要对现有中介组织的构成结构做出变革,彻底清除掉官办中介组织,实现社会中介组织的民营化、私有化,割断中介组织与政府千丝万缕的联系,使其自主经营、自负盈亏。其次,开发区根据自身产业的实际状况,从产业集群的角度实现开发区内相同产业的集聚,在开发区内建设产业聚集园区,大力推进开发区内中介市场的形成和行业协会的构建,努力培育和引进各类社会中介服务机构。最后,要充分发挥开发区内行业协会的作用,搭建开发区企业交流平台。行业协会要实现开发区内同类企业之间联系的畅通,了解该类企业发展的内在政策需求,与开发区进行沟通协调,帮助开发区制定相关的规则。与此同时,还要制定本行业的相关标准,创造开发区内企业之间公平竞争的环境。

2.要规范对开发区内的中介服务组织的管理

开发区的中介组织服务体系要想发挥出其所拥有的真正的效用,就需要开发区对其加强管理。一是在中介服务机构的政策上,开发区必须要予以大力的支持。中介服务体系的形成不可能完全依靠市场机制去运作,开发区管委会需要进行必要的支持。针对开发区内中介机构数量少、急需发展的现实情况,制定和实施调动社会力量兴办中介服务机构的相关政策、各类中介机构服务人员的从业资质标准和管理办法,以及推行行政决策咨询的相关制度等,为中介机构的发展提供公开、公平、公正的外部环境。二是在中介服务机构的管理上,开发区管理部门要会同有关部门统一制定中介服务机构的标准。对中介服务机构进行动态管理,对中介服务机构的资质进行定期审查。在审查中发现不合格的,直接取消其资格。对中介服务要制定统一的收费标准,加强对服务市场的管理。三是关于中介从业人员业务水平方面,需要不断地加强和提高。开发区要定期组织中介服务机构的从业人员进行培训,保证开发区中介机构人员的高水准服务。

开发区通过建立起体系化的中介服务机构,可以有效地承担开发区部分社会职能,减轻开发区管理机构的负担;同时,也能使开发区管委会避免机构和人员膨胀的痼疾,确保管委会建立起精简高效的管理体制。

四、建设高效的开发区管委会

1. 建设高素质行政管理队伍

加强开发区科学管理，关键是要有一批高素质人才组成的干部管理队伍。开发区的管理人员必须要具有突出的管理能力、精湛的专业技术，还要具备国际化的视野。加强开发区行政管理队伍建设需要从以下几点着手：(1)坚持唯才是用。要秉承科学的态度和精神加强对开发区管理队伍建设，在开发区内要形成尊科学、重知识、用人才的良好氛围，办事要遵循公平公正的原则，树立起科学求实的态度。开发区管理人员的任用应该任人唯才，不能唯亲。提高开发区管理人员的素质，提高工作效率。(2)强化管理队伍和管理人员创新能力。开发区作为改革的突破口，是我国改革进程中的实验基地，这就对开发区行政管理人员提出了更高的要求。开发区在改革和发展的过程中会遇到各种各样的新情况，这样就要求开发区的管理人员要有不屈不挠、敢于创新的精神，具有研究新情况、解决新问题的能力。(3)倡导高效率的工作作风。开发区行政管理人员是代表着开发区管委会与开发区内的企业和民众打交道，作为开发区的管理人员，要真正做到为人民服务，为企业服务，充分运用好手中的权力，提高工作效率。在开发区内倡导高效率的工作作风，讲求工作实效，为开发区企业服务，促进开发区经济的发展。(4)加强廉政建设。要十分注重开发区管理队伍清正廉洁的思想建设，作为公务人员，首先要树立为开发区企业、民众服务的意识。开发区内企业众多，各类企业与开发区管理人员接触频繁，需要办理的各项事务也比较多，涉及的项目多、金额大，加强行政人员廉政建设显得尤为重要。这就需要加强对开发区行政管理人员进行思想政治教育，提高他们的自觉性，同时也要加强对管理人员的监督。为开发区的发展建设提供一个良好的环境。

2. 推行电子政务，建设电子化政府

电子政务是开发区简化审批手续、提高公共服务的有效手段，将信息技术与现代行政相结合能够有效地减轻企业和公民的负担，同时也促进了行政服务的改善，实现了政府与企业和公民的双赢。现代化的信息通信技术为构建一个高品质、高效率的政府提供了有利的条件。政府可以利用现代先进通信技术以更方便、更快捷的方式为政府机关、企业、社会组织和公民提供更广泛、更全面的信息及其他服务。一是要有科学合理的指导思想。开发区电子政务建设,需要一个科学的规划作为指导,同时还要设立相关的机构或部门加强对电子政务信息系统的研究和管理。开发区要根据本区实际状况,制定相应的阶段目标,并在实践中逐步落实。二是要加快开发区信息服务设施建设。在快速发展的信息化时代,开发区需要加快信息基础设施的建设,增加开发区信息基础设施的内存容量,强化其信息技术的安全。还要不断采用新技术,逐步满足各种多媒体业务的要求,建设一个综合性的公共信息网络。三是要建立完善开发区门户网站,实现网上办公。开发区门户网站的建立,可以有效地解决一批项目的即时审批问题,实现高效率的办公,大大降低行政成本和企业的时间成本。开发区还可以通过门户网站做好对外宣传,将开发区内的各项政策在网络上发布,营造开发区良好的服务环境和投资环境,吸引更多的投资者来到开发区投资。四是要借助网络平台,促进民主决策,改善管委会服务。通过互联网,政府可以及时地了解到企业、居民对政府的意见和建议,开发区管委会可以充分利用好这一点,采取多种方法或手段,全面了解开发区内企业和民众对管委会的意见和建议,从而不断满足企业和民众的需求,改善开发区的治理状况。①

3.完善一站式服务

国内外各地开发区建设积累了许多有益的经验,应该认真总结这些经验并结合本地的实际情况,完善开发区服务体系,提高开发区服务水平。一是要做到严格执法,大力推进行政审批制度改革。要做到严格按照《行政许可法》的相关规定办事,同时可以根据实际情况出台规范的行政收费办法;在充分调研和确实需要的前提下可以取消对部分项目的审批权,或转变部分项目的审批管理方式,把这部分权力移交行业组织或中介机构管理。二是要在实践中坚持创新精神,整合业务流程。对各部门的业务进行重新整合,将各部门的职能性服务项目和工作人员集中到办公大区,由前台引导各办事人员到相应的工作区进行办理,实现业务的快速化、集中化办理。三是借鉴企业管理中的绩效管理模式,同时还要加强

① 唐铁汉:《强化政府公共服务职能　努力建设公共服务型政府》,《中国行政管理》2004 年第 7 期。

对工作人员的监督。要做到对窗口工作人员的全面监督，十分注重企业和民众对其工作的评价。开发区要制定监督法规，运用好审计监督和监察监督的方式，预防工作人员在项目审批中以权谋私，利用职权搞部门利益垄断。通过制度对窗口工作人员加以规范，同时还要引进工作反馈机制，提高工作人员的办事效率，塑造开发区管委会服务形象。四是要推行和完善政务公开制度。开发区需要对相关的政务信息在自己的门户网站上予以公布，或者通过大众媒体向公众播报，让公众和企业能够了解到开发区的相关信息。同时开发区需要通过网络及时了解区内企业和民众对开发区的诉求，及时改进工作中的不足。

五、完善开发区社会保障体系

社会保障制度是社会安定发展的重要保证。开发区作为特殊的经济区域，各类企业相对集中、失地农民大量存在等情况突出。构筑多层次的社会保障制度，对开发区经济社会的长期持续发展有着重要的意义。虽然开发区在推进改革、规范开发区管理机构和企业行为、建立现代企业制度等方面投入了很多精力，但是建立完善社会综合保障体系也是十分紧迫的。开发区要进一步完善法定保险，增强社会保障知识的宣传力度，积极推进社会保障制度改革。

1.建立健全就职人员的保障体系

由于开发区内产业集聚，企业密度大、关联性强，员工利益的实现与保障，对开发区的发展具有很强的联动作用。开发区要切实保障开发区员工的利益，保证企业的稳定发展。开发区管委会要综合运用经济、法律、行政等多种手段推动用人单位与劳动者依法参加社会保险，加大开发区内社会保险征缴的力度，确保企业养老保险、医疗保险、失业保险、生育保险、工伤保险和住房公积金的定时缴纳；保障好就业人员的根本利益，解决好就业人员的劳资纠纷问题，在开发区内建立企业劳动保障守法诚信制度，形成预防和解决企业欠薪问题的保障机制；还要大力推进劳动合同的制度化、规范化建设，提高劳动合同签订率，在开发区内构建和谐的劳动关系。

2.完善多元化的医疗保障制度

开发区应当根据其实际情况，完善医疗保障体系，建立国家、集体和个人共同投入、风险公摊的机制，尤其是为失地农民建立相应的社会医疗救助制度。一是为失地农民建立相应的社会医疗救助制度，该项制度应由社会保障部门牵头，资金来源以政府出资为主，集体扶持，社区经济及个人等共同出资，为失地农民提供医疗救助服务。二是鼓励失地农民参加商业社会保险。对于有经济实力的地区，可以将部分征地补偿款用于大病医疗等商业医疗保险，解除失地农民因病致贫的后顾之忧。三是建立新型的合作医疗制度，鼓励有经济实力的乡镇，探索建立以个人出资为主、集体扶持、政府适当支持的筹资机制，多渠道筹集资金，建立新型的合作医疗保障制度。

经济技术开发区是在中国改革开放的过程建立起来的，并随着我国渐进式的改革不断探索发展前进。随着开发区经济的快速发展，产业布局迅速扩大，开发区土地空间逐步饱和，开发区的进一步发展遇到了阻碍，地方政府为保持开发区在经济发展中的强劲势头，努力寻求突破限制开发区发展的瓶颈，开始不断尝试新的路径。开发区行政托管一经出现便被纷纷运用到各地开发区的发展之中。行政托管以其具有的独特优势，实现了地方政府在辖区内对权力的暂时性的配置，在开发区实践过程中起到了积极的作用，取得了显著的成绩。开发区行政托管的创新变革，具有明显的实践先行特点，但缺少必要的法律依据，这就决定了开发区行政托管要想实现法制化，还需要很长的路要走。

完善与开发区发展的相关法律法规，进一步明确开发区管委会的法律地位；做到有效合理的授权，理顺行政托管后的管理体制；要保持开发区管委会精简高效的组织结构，必须要大力发展社会中介组织，把大量的社会职能交给社会中介组织来管理，减轻开发区管委会的压力；建设高效的开发区管委会，努力打造一支高水平的管理队伍，完善开发区管委会的服务体系；完善开发区社会保障体系，为开发区的全面发展提供一个稳定的社会基础。

参考文献

中文文献

[1] 林尚立.国内政府间关系[M].杭州:浙江人民出版社,1998.

[2] 谢庆奎,杨宏山.府际关系的理论与实践[M].天津:天津教育出版社,2007.

[3] 胡鞍钢,王绍光,周建明.第二次转型国家:制度建设[M].北京:清华大学出版社,2003.

[4] 丁煌.政策执行阻滞机制及其防治对策——一项基于行为和制度的分析[M].北京:人民出版社,2002.

[5] 财政部财政科学研究所.中国财税体制改革的战略取向:2010～2020[J].改革,2010(1).

[6] 沙安文,乔宝云.政府间财政关系:国际经验评述[M].北京:人民出版社,2006.

[7] 曹正汉,史晋川.中国民间社会的治理:对地方政府的非正式约束——一个法与理冲突的案例及其一般意义[J].社会学研究,2008(3).

[8] 马骏,侯一麟,林尚立.国家治理与公共预算[M].北京:中国财政经济出版社,2007.

[9] 张军,周黎安.为增长而竞争:中国增长的政治经济学[M].上海:格致出版社、上海人民出版社,2007.

[10] 翁礼华.共赢的博弈——纵观中国财税改革[M].北京:经济科学出版社,2008.

[11] 贾康,等.地方财政问题研究[M].北京:经济科学出版社,2004.

[12] 孙宽平.转轨、规制与制度选择[M].北京:社会科学文献出版

社,2004.
[13] 冯兴元.地方政府竞争:理论范式、分析框架与实证研究[M].南京:译林出版社,2010.
[14] 黄佩华,迪帕克.中国:国家发展与地方财政[M].北京:中信出版社,2003.
[15] 罗伊·鲍尔.中国的财政政策——税制与中央及地方的财政关系[M].北京:中国税务出版社,2000.
[16] 何梦笔.大国转型的财政与区域维度:中国与俄罗斯的政府间竞争.德国维滕大学讨论文稿,1999(42),中译文.
[17] 方雷.地方政府学概论[M].北京:中国人民大学出版社,2010.
[18] 孙立平.向市场经济过渡过程中的国家自主性问题[J].战略与管理,1996(4).
[19] 朱恒鹏.分权化改革、财政激励和公有制企业改制[J].世界经济,2004(12).
[20] 邹璇.信息不对称条件下的区域经济中地方政府行为异质性[J].上海经济研究,2002(9).
[21] 戴长征.国家权威碎裂化:成因、影响及对策分析[J].中国行政管理,2004(6).
[22] 托尼·塞奇.盲人摸象:中国地方政府分析[J].邵明阳,译.经济社会体制比较,2006(4).
[23] 刘泰洪.地方政府的自身利益及其实现方式[J].黑龙江社会科学,2007(2).
[24] 沈坤荣,孙文杰.投资效率、资本形成与宏观经济波动——基于金融发展视角的实证研究[J].中国社会科学,2004(6).
[25] 周雪光."逆向软预算约束":一个政府行为的组织分析[J].中国社会科学,2005(2).
[26] 朱光磊.当代中国政府过程[M].天津:天津人民出版社,2002.
[27] 周平.当代中国地方政府[M].北京:人民出版社,2007.
[28] 荣敬本,高新军,何增科,等.县乡两级的政治体制改革:如何建立民主的合作新体制[J].经济社会体制比较,1997(4).
[29] 荣敬本,崔之元,王拴正,等.从压力型体制向民主合作体制的转变:

县乡两级政治体制改革[M].北京:中央编译出版社,1998.

[30] 朱光磊,李利平.从“分管”到“辅佐”:中国副职问题研究[J].政治学研究,2007(3).

[31] 周雪光.基层政府间的“共谋现象”——一个政府行为的制度逻辑[J].社会学研究,2008(6).

[32] 董强,李小云.农村公共政策执行过程中的监督软化——以G省X镇计划生育政策的落实为例[J].中国行政管理,2009(12).

[33] 曾明.农业税取消后乡镇政府财政转移支付过程——基于江西省C乡的调查研究[J].公共行政评论,2008(5).

[34] 朱光磊,张志红.“职责同构”批判[J].北京大学学报(哲学社会科学版),2005(1).

[35] 周黎安.中国地方官员的晋升锦标赛模式研究[J].经济研究,2007(7).

[36] 杨俊.财政分配关系中的地方政府非规范性竞争行为分析[J].经济社会体制比较,2012(1).

[37] 安子明.政府体制改革中的“托管模式”研究——以西安市沣渭新区管理机制建设为例[J].中国行政管理,2011(11).

[38] 刘明明,肖洪钧.基于“行政托管”的大连高新区发展模式研究[J].科技进步与对策,2010(9).

[39] 黄小勇.新公共管理理论及其借鉴意义[J].中共中央党校学报,2004(3).

[40] 罗兆慈.国家级开发区管理体制的发展沿革与创新路径[J].科技进步与对策,2008(1).

[41] 张百川.国家级开发区管理体制的发展沿革与创新路径[J].人力资源管理,2013(7).

[42] 丁福浩,黎志成.对经济技术开发区管理体制创新的思考[J].领导科学,2004(20).

[43] 唐铁汉.强化政府公共服务职能　努力建设公共服务型政府[J].中国行政管理,2004(7).

[44] 惠冰.复合型经济功能区管理体制创新构想——以天津滨海新区为例[J].天津社会科学,2008(4).

[45] 雷霞.关于我国开发区管理体制的类型及其改革的思考[J].齐鲁学刊,2007(6).
[46] 董娟.关于我国开发区管委会管理创新的思考——行政派出模式的一种审视[J].经济体制改革,2011(4).
[47] 李朝旭,蔡善柱,陆林.国内外城市开发区研究进展及启示[J].安徽师范大学学报(自然科学版),2012(5).
[48] 李秀芝,谷帆凯,魏宁宁.经济技术开发区管委会经济管理主体资格探究——以杭州下沙经济技术开发区为例[J].经济与社会,2011(12).
[49] 桑东辉.开发区管理体制创新刍议[J].理论观察,2005(4).
[50] 邵秋枫.开发区管理体制的比较分析和发展趋势研究[J].太原科技大学学报,2005(3).
[51] 高翔.上海经济开发区管理体制的现状与创新路径[J].淮海工学院学报(社会科学版),2009(12).
[52] 蔡学美.行政托管:一种不容忽视的行政管理现象[J].中国民政,2012(5).
[53] 吕薇.杭州开发区的管理体制研究[J].经济研究参考,2002(2).
[54] 赵文彦.新兴产业的摇篮——高技术开发区研究[M].北京:科学技术文献出版社,1990.
[55] 郑宁.经济技术开发区研究[M].北京:中国财政经济出版社,1991.
[56] 陈文灿,金晓斌.中国经济特区研究[M].上海:复旦大学出版社,1996.
[57] 荣敬本,崔之元,王拴正.从压力型体制向民主合作体制的转变:县乡两级政治体制改革[M].北京:中央编译出版社,1998.
[58] 尹钢,梁丽芝.行政组织学[M].北京:北京大学出版社,2011.
[59] 沈莹.托管的理论与实务[M].北京:经济科学出版社,2000.
[60] 鲍克.中国开发区研究:入世后开发区微观体制设计[M].北京:人民出版社,2002.
[61] 姜杰.体制变迁与制度设计:国家级经济技术开发区行政管理体制研究[M].北京:经济科学出版社,2008.
[62] 厉无畏,王振.中国开发区的理论与实践[M].上海:上海财经大学出

版社,2004.

[63] 王绍光,胡鞍钢. 中国国家能力报告[M]. 沈阳:辽宁人民出版社,1993.

[64] 冯友兰. 中国哲学史(全2册)[M]. 北京:中华书局,1961.

[65] 高培勇,温来成. 市场化进程中的中国财政运行机制[M]. 北京:中国人民大学出版社,2001.

[66] 贾康,阎坤. 中国财政:转轨与变革[M]. 上海:上海远东出版社,2000.

[67] 盛洪. 现代制度经济学[M]. 北京:北京大学出版社,2003.

[68] 邹继础. 中国财政制度改革之探索[M]. 北京:社会科学文献出版社,2003.

[69] 谢宝富. 当代中国政府体制论略[M]. 北京:北京大学出版社,2005.

[70] 乔治·施蒂格勒. 新帕尔格雷夫经济学大辞典:第1卷[M]. 北京:经济科学出版社,1996.

[71] 道格拉斯·C. 诺斯. 经济史中的结构与变迁[M]. 陈郁,罗华平,译. 上海:上海三联书店、上海人民出版社,1994.

[72] 王雪丽. 中国"省直管县"体制改革研究[M]. 天津:天津人民出版社,2013.

[73] 吴金群. "省管县"体制改革——现状评估及推进策略[M]. 南京:江苏人民出版社,2013.

[74] 何显明. 顺势而为:浙江地方政府创新实践的演进逻辑[M]. 杭州:浙江大学出版社,2008.

[75] 沈荣华. 中国地方政府学[M]. 北京:社会科学文献出版社,2006.

[76] 沈荣华. 中国政府改革:重点难点问题攻坚报告[M]. 北京:中国社会出版社,2012.

[77] 张紧跟. 当代中国政府间关系导论[M]. 北京:社会科学文献出版社,2009.

[78] 张占斌. 省直管县体制改革的实践创新[M]. 北京:国家行政学院出版社,2009.

[79] 张志红. 当代中国政府间纵向关系研究[M]. 天津:天津人民出版社,2005.

[80] 俞可平. 中国政治发展三十年[J]. 河北学刊,2008(5).
[81] 金太军,赵晖. 中央与地方政府关系建构与调谐[M]. 广州:广东人民出版社,2005.
[82] 周振超. 当代中国政府"条块关系"研究[M]. 天津:天津人民出版社,2009.
[83] 桑玉成. 利益分化的政治时代[M]. 上海:学林出版社,2002.
[84] 张晏. 分权体制下的财政政策与经济增长[M]. 上海:上海人民出版社,2005.
[85] 孙柏瑛. 当代地方治理:面向 21 世纪的挑战[M]. 北京:中国人民大学出版社,2004.
[96] 徐勇,高秉雄. 地方政府学[M]. 北京:高等教育出版社,2005.
[87] 杨瑞龙, 杨其静. 阶梯式的渐进制度变迁模型——再论地方政府在我国制度变迁中的作用[J]. 经济研究,2000(3).
[88] 胡鞍钢. 中国战略构想[M]. 杭州:浙江人民出版社,2002.

英文文献

[1] Jonathan Ubger, ed. The Nature of Chinese Politics: From Mao to Jiang[M]. M. E. Sharpe, Inc. 2002.
[2] Zheng Yongnian. De Facto Federalism in China: Reforms and Dynamics of Central－local Relations[M]. Singapore: World Scientific Publishing Company, Incorporated, 2007.
[3] Zhang Jingxiang, Wu Fulong. China's Changing Regional Governance: Administrative Annexation and Reorganization of Local Governments in the Yangtze River Delta[J]. Regional Studies,2006(3—21).
[4] Sarah Elwood. Partnerships and Participation: Reconfiguring Urban Governance in Different Contexts[J]. Urban Geography,2004(25).
[5] Liou,Kuotsai Tom, Jinqun Wu. Government－Business Relation in China's Economic Development[J]. Inernational Journal of Organization Theory and Behavior,2010(13).
[6] Laurie Reynolds. Local Governments and Regional Governance[J].

The Lawyer,2007(3).

[7] Alan Harding,Stuart Wilks-Heeg, Mary Hutchins. Business,Government and the Business of Urban Governance[J]. Urban Studies, 2000(5).

[8] Vivienne Shue, The Reach of the State: Sketches of the Chinese Body Politic[M]. Stanford :Stanford University Press,1988.

[9] G. Montinola, Y. Qian, B. Weingast. Federalism,ChineseStyle: The Political Basis for Economic Success in China [J]. World Politics 1995 (48).

后　记

我们正处于一个伟大的变革时代，正如本著所反复申言的，这个时代不能不带有强烈的创造性、过渡性和混合性。我以前所供职的高校也是一样，为了发展的需要，把我这样一个学中国近现代史的教师“组合”到学校的政治与行政管理专业。这个倒也不会让我特别为难，由于众所周知的原因，中国近现代史与政治学、马克思主义有着密不可分的联系。但不久，学校又一次把我们“配置”到以管理学和经济学为特色的财政与公共管理学院，的确让我一时难以适应这种“跨越”。

显然，当初我是改变不了这一宿命的。既然如此，我只能适应环境。于是，开始了公共管理学方面的学习和研究，并且考到浙江大学公共管理学院博士后流动站工作了两年。几经寒暑后，慢慢地找到一点感觉。特别是感到用以前学过的当代中国政治制度知识，去分析财政分配关系中的央地政府间的关系，似乎有一些不同于以经济学和管理学为学术背景的观点和角度。

离开自己以前的专业，“背井离乡”地从事一个新的专业研究，其过程自然是艰辛的，也时有“既自以心为形役，奚惆怅而独悲”的感叹。让人更加啼笑皆非的是，就在这个工作稍稍有了一点感觉的时候，我因中共上海市委党校（上海行政学院）所邀而加盟。能够放开身心搞自己喜欢的专业，是一种很奢侈的生活方式。只是这一选择意味着又得舍弃这几年学业上的“增量改革”背后的辛勤。尤其是这个过程中的时间成本也是弥足珍贵的，正是这个时段，工作、学习、家庭和生活的担子接踵而至，分明就是一段浓缩的时空。

本书的撰写和出版，得到中共上海市委党校（上海行政学院）王国平、郭庆松、曾峻、梅丽红、周敬青和刘宗洪等领导的诸多支持和帮助，在此致谢！本书参考了许多专家学者的著述，在此一并致谢！

杨俊

2015 年 10 月 10 日